解锁地名中的
中华文化密码

五千年中华地名

五千年
中华地名

胡阿祥　华林甫　著

天津出版传媒集团
新蕾出版社

图书在版编目（CIP）数据

五千年中华地名 / 胡阿祥, 华林甫著. -- 天津: 新蕾出版社, 2025.3（2025.4重印）

（全景看中华文明）

ISBN 978-7-5307-7695-7

Ⅰ. ①五… Ⅱ. ①胡… ②华… Ⅲ. ①地名 - 中国 - 儿童读物 Ⅳ. ① K92-49

中国国家版本馆 CIP 数据核字 (2023) 第 250635 号

书　　名：	五千年中华地名　WUQIAN NIAN ZHONGHUA DIMING
出版发行：	天津出版传媒集团 新蕾出版社
	http://www.newbuds.com.cn
地　　址：	天津市和平区西康路 35 号（300051）
出 版 人：	马玉秀
电　　话：	总编办（022）23332422 发行部（022）23332351　23332679
传　　真：	（022）23332422
经　　销：	全国新华书店
印　　刷：	天津新华印务有限公司
开　　本：	787mm×1092mm　1 / 16
字　　数：	190 千字
印　　张：	19.5
版　　次：	2025 年 3 月第 1 版　2025 年 4 月第 2 次印刷
定　　价：	59.00 元

著作权所有，请勿擅用本书制作各类出版物，违者必究。
如发现印、装质量问题，影响阅读，请与本社发行部联系调换。
地址：天津市和平区西康路 35 号
电话：（022）23332677　邮编：300051

地名中国说

　　2021年4月的一天，南京市委网信办"领读书目"活动邀请我为中小学生朗诵一篇文章，我几乎条件反射似的推荐了梁启超的《少年中国说》。2022年8月，当我翻阅人民教育出版社出版的小学《语文》课本，开始规划这本书的目录时，我写下的第一行字，就是"引言：地名中国说"。因为我与华林甫教授的写作旨趣，一言以蔽之，就是"为'中国少年'阅读'地名中国'提供一份专业、轻松而又有趣的导读"。

　　何谓"中国少年"？那是课本里的《难忘的一课》——"一位年轻的台湾教师正在教孩子们学习祖国的文字。他用粉笔在黑板上一笔一画地写着：'我是中国人，我爱中国。'"

　　何谓"地名中国"？那是课本里的《神州谣》："我神州，称中华，山川美，可入画。黄河奔，长江涌，长城长，珠峰耸。台湾岛，隔海峡，与大陆，是一家。各民族，情谊浓，齐奋发，共繁荣。"

　　为何中国少年要阅读"地名中国"？诚如小学《语文》五年级上册课本第四单元导言所引艾青的诗句："为什么我的眼里常含泪水？因为我对这土地爱得深沉……"

　　中国少年该怎样阅读"地名中国"呢？

　　《中国诗词大会》文化嘉宾康震教授说，每个地方，都有一本念不完的"地名经"。地名，真实呈现了中国的自然，系统写照了中华的人文，随处镌刻着先民的智慧，长久保存着民族的记忆，这就叫"从地名看文化，从文化看中国"。

复旦大学文科资深教授周振鹤先生说，大千世界，地名无限！如果我们把中国古往今来的历史、地理、文化、风俗等比作一部厚重的百科全书，那么中国地名就是构成这部百科全书的长短不一、层次各别的词条。

作为《中国地名大会》点评嘉宾与审题专家的我们则说，地名是一声声的乡音，镌刻着人们的记忆；地名像一盏盏明灯，照亮着游子回家的路；地名如一块块磁铁，吸引着你我思乡的情。如果说诗词让人生更美好，那地名就是生活的日常。这样日常的地名与我们的姓名结合在一起，又"印制"出我们每个人的"身份证"，彰显着我们每个人的"一方水土养一方人"！

而借用梁启超的《少年中国说》，我们的"地名中国说"也可以这样说："美哉，我地名中国，与天不老！壮哉，我中国地名，与国无疆！"

同学们，跟着课本学地名，跟着地名了解博大精深的中华文化吧。我们相信，你们一定会收获"开卷如芝麻开门"般的特别乐趣！

胡阿祥
2024 年 8 月

目录

第一章 我国我家

2　发现"中国"
9　五湖四海
14　省区名称的由来
24　七大古都
35　国家历史文化名城
45　闻一多与《七子之歌》
53　红色地名，不忘初心

第二章 历史地名

68　地不爱宝——小屯村
76　伟大的水利工程——都江堰
83　China 真的源于瓷器吗
88　"武"赤壁与"文"兰亭
94　白帝城托孤
100　礼敬关帝庙
107　詹天佑与京张铁路

第三章 天下名山

- 116 五岳独尊——泰山
- 124 黄山归来不看岳
- 130 庐山天下悠
- 137 "袖珍"钟山魅力大
- 144 珠穆朗玛峰的"秘密"
- 148 东西南北，指点名山

第四章 江河湖海

- 156 九曲黄河万里沙
- 163 不尽长江滚滚来
- 171 漓江山水与天河雅鲁藏布江
- 178 浩渺洞庭与文化西湖
- 186 天下奇观钱塘潮
- 191 东海、南海与不是"海"的海

第五章 名胜古迹

- 198　北京中轴线的奥秘
- 203　"江南风"的皇家园林
- 207　"万园之园"圆明园
- 215　长城万里长
- 222　上山入城览名胜
- 230　神州处处是江南

第六章 文学地名

- 236　桃花潭是什么"潭"
- 241　两关要塞通古今
- 248　李杜诗篇在，地名韵味长
- 254　"四大名著"之地名也出名
- 263　成语与地名
- 268　《长征》字字有乾坤

- 276　附录一：探索更多地名知识
- 281　附录二：课本中的外国地名

- 299　后记　小地名，大学问

第一章

我国我家

发现"中国"

翻开小学《语文》一年级上册课本,在第3页有一句开篇语:我是中国人。这句话该怎么理解呢?有一首歌你肯定听过,下面是它的歌词:

我们都有一个家,名字叫中国。兄弟姐妹都很多,景色也不错。家里盘着两条龙,是长江与黄河呀。还有珠穆朗玛峰儿,是最高山坡。

我们都有一个家,名字叫中国。兄弟姐妹都很多,景色也不错。看那一条长城万里,在云中穿梭呀。看那青藏高原,比那天空还辽阔。

我们的大中国呀，好大的一个家。经过那个多少，那个风吹和雨打。

　　我们的大中国呀，好大的一个家。永远那个永远，那个我要伴随她。

　　中国，祝福你，你永远在我心里。中国，祝福你，不用千言和万语。

　　这首歌叫《大中国》。长江、黄河、珠穆朗玛峰、青藏高原、万里长城，那是江山如画的中国；经过风吹雨打，那是饱经沧桑的中国；兄弟姐妹都很多，那是多民族的中国。这样的中国，是我们共同拥有的家！

　　我们共同拥有的这个家，是什么时候开始叫"中国"的呢？这得从"中国"这个地名的发现说起，那是一个充满传奇色彩的惊世大发现。

黄河

1963年8月,一个雨后的上午,陕西省宝鸡县(今属宝鸡市陈仓区)贾村村民陈堆,看见院子后面坍塌的土崖上闪着亮光,好奇心驱使着他用小镢头去刨,结果刨出了一件高约39厘米、重约14.6千克的铜器。后来,陈堆将铜器交给了哥哥陈湖保管。到了1965年,陈湖因生活拮据,将铜器卖给了宝鸡县的一家废品收购站,用卖来的30元钱买了粮食。过了一段时间,宝鸡市博物馆干部佟太放在废品收购站看到了这件铜器,见它的造型很奇特,认为它可能是一件比较珍贵的文物,便向馆长吴增昆做了汇报。馆长随即让保管部主任王永光到废品收购站查看,王永光看了之后也认为它是一件珍贵文物。于是,他们又以30元钱的价格,将这件铜器带回了宝鸡市博物馆。

　　转眼到了1975年,国家文物局调集全国新出土的文物精品出国展览。这件失而复得的铜器,因为造型典雅、纹饰精美而被选中,送到了北京。当时负责展览筹备工作的上海市博物馆馆长马承源先生,在清理这件铜器时,竟然在它内胆的底部发现了一篇122字的铭文。铭文显示,这件铜器是西周名叫"何"的贵族铸造的,所以马承源先生就把这件铜器命名为"何尊",并且赞誉其为"镇国之宝"。注意,这里不是"镇馆之宝",而是分量极重的"镇国之宝"哟!

　　何尊为什么会被誉为"镇国之宝"呢?最关键的一点是,何尊的铭文中,有"中国"一词最早的文字记载。相关的一句铭文是这样的:

何尊

何尊铭文　　　　　　　何尊铭文中的"中国"二字

余其宅兹中或(国),自兹乂(yì)民。

这句铭文的意思是:我要住在"中国"这个地方,由此来统治民众。

通过何尊的铭文,我们也获得了非常宝贵的信息。

首先,早在3000多年前,"中国"这个词就已经出现了。因为何尊铸造于周成王五年(前1038),而说"中国"这个词的人,是公元前1046年到公元前1043年在位的周武王姬发。

其次,"中国"这个地方,最早指的是周朝的东都成周,也就是今天的洛阳。换言之,今天的"大中国"是从洛阳这个"小中国"发展而来的。那洛阳为什么是最早的"中国"呢？因为洛阳位于当时周朝国土的中心位置。而洛阳所在的河南省在历史上则位于"中国之中"。直到今天,河南省作为"中国之中"

的观念仍然体现在许多方面。比如,河南省有"中州""中原"的雅称;在中华五岳中,位于河南省的嵩山被称为"中岳"。

再次,我们知道了"中国"两字最初的写法,即"中"字像一面高高飘扬的旗帜,"国"字写作"或"。为什么要这么写呢?你可以想象一下,在没有电话、网络的远古时代,首领要是有事,该怎么召集大家过来呢?有一种方法是,在高处竖起一面大旗。大家看到大旗后,就从四面八方赶过来,围绕在大旗周围,听从首领发布命令。于是,本来象征旗帜的"中"字,就有了"中间""中央"的意思。至于"或"——读作国家的"国",其左边的"口"指城池,右边的"戈"指武器,而下面的"一"指土地。"或"字整体来看就是一个人扛着武器,保卫城池,守护土地。所以,"中国"这个词最初的意思就是位于中间的城池与土地。

不得不说,何尊真是太了不起了,告诉了我们这么多的信息。我们真得感谢1963年8月的那场雨,使得何尊重现于世。现在,这件"镇国之宝"收藏于宝鸡青铜器博物院(即前文所提到的宝鸡市博物馆,2010年改为现名)。当看到宝鸡市的城市形象宣传语"看'中国',来宝鸡"这句话时,你肯定能更加深刻地理解"中国"这两个字的含义。

嵩山

拥有3000多年历史的"中国",在后来的演变中,含义也越来越复杂,如地理上的"中国"范围越来越广大,文化上的"中国"内容越来越丰富等。而今天的"中国",就是我们伟大的祖国"中华人民共和国"的正式简称了。

知识加油站

"中华"的由来

夏朝是中国历史上第一个世袭制的朝代,时间从约公元前2070年到约公元前1600年。夏朝的"夏"字,本是"蝉"(也就是知了)的象形,体现了"蝉鸣夏至"的季节特征。蝉开始鸣叫,就表示夏天到了。蝉被古人认为是"周而复始,绵延不绝"的生物。到周朝时,形容植物开花的"华"与表示夏朝的"夏"组合,出现了"华夏"这个新词,意为如同花一样美丽的民族与国家。从"中国"与"华夏"两个名称中各取一字,又组合成了"中华",意为位于中央的、如同花一样美丽的民族与国家。

1949年10月1日,伟大的中华人民共和国成立,这里的"中华"指的是中华民族。这一历史事件意味着中国人民开始当家作主,中华民族开始书写历史新篇章。

五湖四海

小学《语文》六年级下册有一篇课文叫《为人民服务》,作者是我们敬爱的毛泽东主席。他在这篇文章中写道:"我们都是来自五湖四海,为了一个共同的革命目标,走到一起来了。"你读完六年级升入初中,在见到新同学时,不妨也豪情满怀地说:"我们都是来自五湖四海,为了一个共同的学习目标,走到一起来了。"《为人民服务》里的"五湖四海",指代的是全国各地,也比喻广泛的团结。当然,"五湖四海"本是实实在在的某些湖与某些海的统称,只是"五湖"包括哪些湖,"四海"包括哪些海,并不容易说清楚。

先说"五湖"。古代所谓的"五湖",众说纷纭,一说是太湖,二说是太湖加上附近的四个湖,三说是与太湖相通的五个湖湾,四说是太湖流出的五条通道。实际上,"五"是个虚数。这就好比"九牛一毛"的"九",并不是指从九头牛身上拔下一根毛。"五湖"同样不能拘泥地理解为五个湖泊,而是泛指太湖流域一带的所有湖泊。到了近代,问题就变得简单了,"五湖"成了我国五大淡水湖(鄱阳湖、洞庭湖、太湖、洪泽湖、巢湖)的专称。

再说"四海"。"四海"在今天的地理概念上,是指中国的四大边缘近海,即渤海、黄海、东海、南海。渤海也称"勃海","勃"有旁边附生的意思,符合此海体量较小的特征;黄海因为近岸海水被汇入的黄河水染成了黄色而得名;东海、南海因为它们的相对方位而得名,即位于我国大陆的东边和南边。不过在中国古代,"四海"却是整整齐齐的东海、南海、西海、北海,这样的"四海"当然只是一种象征性的说法,它象征了中国古人的天地观与海陆观。

中国古人认为,"天圆如张盖,地方如棋局"(《周髀算经》),即把天穹(qióng)看作一口倒扣着的

"天圆如张盖,地方如棋局"

锅，笼罩着仿佛棋盘一样的方形大地；大地的四周都是茫茫无际的大海，而中国就是这块大地的全部，也就是当时人们眼里的"全世界"。古人觉得，既然中国的东边、南边有东海、南海，那就不能没有西海、北海，然而中国的西边与北边又确实没有大海，于是中国西部或以西的较大水域，如青海湖、居延海、博斯腾湖、咸海、里海、波斯湾、红海、阿拉伯海以及印度洋西北部，甚至地中海，都曾被赋予西海的称呼；中国北部或以北的较大水域，如贝加尔湖、巴尔喀什湖，也都曾拥有北海之名。

　　现在你理解"四海"的象征性含义了吧，而对于"四海之内若一家""四海之内皆兄弟""海内存知己，天涯若比邻"等说法的确切含义，肯定也理解了吧。原来这里的"四海""海内"，就是"全世界"的意思。当然，随着中国古人认知水平的提升，"全世界"也从古代中国的范围，逐步扩大到今天全球的范围了。

青海湖

知识加油站

从"九州"到"神州"

在中国古代,"四海之内"的大地被划分为九个州,即冀州、兖(yǎn)州、青州、徐州、扬州、荆州、豫州、梁州、雍州。这是怎么来的呢?相传在上古时代,洪水滔天,到处泛滥,百姓不得安生。英雄大禹劳心焦思13年,他到处奔走,足迹踏遍了山山水水,三过家门而不入,最终成功制服了洪水。大禹治水成功后,成了国家的首领,于是将大地划分为九个州。因此,古代的中国又被称为"禹迹""九州",并且一直沿用至今。

除"九州"外,战国时期的思想家邹衍(yǎn)又提出了"大九州"这一地理学说。在"大九州"学说中,中国叫"赤县神州",九个像"赤县神州"那样大的州合成一个大州,这样的大州又有九个。古代的中国,也就是大禹划分的"九州",只占"大九州"的八十一分之一。"赤县神州"意为"南方的国土,神奇的陆地",于是古代的中国又得了个"神州"的称号。有趣的是,今天,我国自主研制的载人飞船被命名为"神舟"号,"舟"就是

"船","神舟"又与"神州"谐音,可谓贴切地象征了"神州大地"——中国的腾飞。

邹衍"大九州"学说示意图（■为"赤县神州"）

> 阅读小贴士

四海之内皆兄弟

在《论语·颜渊》中有这样一段对话：

司马牛忧曰："人皆有兄弟,我独亡。"子夏曰："……君子敬而无失,与人恭而有礼,四海之内皆兄弟也。君子何患乎无兄弟也？"

这段话中子夏所表述的意思是：只要君子做事认真而无差错,对人恭敬而有礼貌,那么四海之内的人就都是兄弟了,何必忧愁没有兄弟呢？直到今天,"四海之内皆兄弟"仍然是中国人张口就来的习语,体现了我们中华民族的豪迈性情。

省区名称的由来

你发现了吗？在你的小学《语文》课本里，经常可以见到我国不同省份和自治区的名称。这些名称都是怎么来的呢？有时还真不能望文生义。

比如"四川"这个名称，望文生义的常见说法是，因为四川省内有长江、岷（mín）江、沱（tuó）江、嘉陵江四条大川。这种理解是错误的。按照这种逻辑，加上雅砻（lóng）江就是五川，加上大渡河就是六川，加上涪（fú）江就是七川，那四川为什么不叫五川、六川、七川呢？另外，早年我在四川考察，与当地的出租车司机聊天儿时，司机自豪地说："四川的水陆四通八达，汽车、轮船川流不息，所以叫四川。"我想这也许是职业期望与善意调侃吧,毕竟谁不知道李白的诗句说四川是"蜀道难,难于上青天"呢!

那么,四川到底是怎么得名的呢?追根溯源,这得从唐朝开始说起。唐朝初年,这里设立了"剑南道"。因为这里位于入蜀咽喉、"一夫当关,万夫莫开"的剑门关之南。后来,剑南道分为剑南西川和剑南东川两个方镇辖区,简称西川和东川。请注意!"川"字出现了,但这里的"川"不是指河流,而是指平原广野。到了北宋,在四川境内设置了西川路和峡西路。后来,北宋朝廷又将西川路分为益州路、梓(zǐ)州路,将峡西路分为夔(kuí)州路、利州路,合称"川峡四路"。请注意!"四"字出现了。为了方便称呼,"川峡四路"有时也简称"四川路"。到这里,"四川"两个字终于一起出现了。等到了元朝,设置了"四川等处行中书省",简称"四川行省"或"四川省",这是四川独立建省的开始。明朝时改称"四川承宣布政使司",清朝则称"四川省",并且沿用至今。

原来四川省名字的得来有这么复杂的过程,是不是有些"小地名,大学问"的味道呢?这样的省份"小地名",除了四川,还有22个省、5个自治区呢,而且每个名称都有"大学问"。那

剑门关

这些名称的"大学问"都是什么呢？其实是存在一定规律的。

我国28个省与自治区名称的来源，可以粗略分为三类。

第一类，得名于山水名称，共13个。

即与黄河有关的河南省（位于黄河以南）、河北省（位于黄河以北），与洞庭湖有关的湖南省（位于洞庭湖以南）、湖北省（位于洞庭湖以北），与太行山有关的山西省（位于太行山以西）、山东省（本指太行山以东。历经演变，金朝时的山东东路、山东西路约相当于今山东省大部分及江苏省淮北地区），与长江有关的江西省（位于江南西部。江西本是唐朝江南西道、宋朝江南西路的简称），与辽河有关的辽宁省（寓意辽河流域安宁。辽河流域是清朝的发祥地，所以旧称"奉天"，取义"奉天

太行山

承运"),与钱塘江有关的浙江省(钱塘江在古代称浙江),与陕陌(也称陕原,在今河南省三门峡市陕州区西南)有关的陕西省(位于陕陌以西),与海南岛有关的海南省(境内有海南岛),与黑龙江、青海湖有关的黑龙江省(境内有黑龙江)、青海省(境内有青海湖)。

第二类,得名于城市名称,共8个。

其中有4个是"1+1=1"模式,即取两个城市的首字为省名。

江宁(今江苏省南京市)+**苏**州=**江苏省**。

安庆+**徽**州(今安徽省歙县)=**安徽省**。

甘州(今甘肃省张掖市)+**肃**州(今甘肃省酒泉市)=**甘肃省**。

福州+**建**州(今福建省建瓯市)=**福建省**。

另外4个是"小1=大1"模式,即省名来源于境内的某个小地名。

云南省来源于云南县,相传汉武帝时取"彩云之南"之意而设置了云南县。

贵州省来源于元朝时的贵州(今贵阳市),贵州又来源于位于贵阳市北的贵山。

吉林省来源于吉林乌拉(今吉林市)。在满语中,"吉林"意为"沿","乌拉"意为"大河(松花江)",吉林乌拉就是"沿着大河"的意思。

台湾省来源于"大员"(今台湾省台南市安平镇一带)的转音,最初当地的高山族部落名叫"大窝湾",并以部落名称呼地方,后来人们把"大窝湾"叫成了"大员"。

第三类,得名于其他情形,共7个。

前面提到的四川省就属于这一类。

广东省、广西壮族自治区分别得名于宋朝的广南东路、广南西路,"广"字源于三国时期孙吴所置的广

州,"广南"的意思是广大的南方。

宁夏回族自治区得名于"夏地安宁"之意。这里的夏,指历史上党项族所建的夏国(史称"西夏"),今天银川市还保存着号称"东方金字塔"的西夏王陵。

西藏自治区的"西",是中国西部的意思,"藏"在藏语中代表"圣洁"。

新疆维吾尔自治区旧称"西域",意为"西部的疆域",其自

新疆风景

古以来就是中国的领土,但对清政府而言,却是"故土新归",所以习惯上称其为"新疆"。

至于内蒙古自治区,当然就是得名于当地的蒙古族了。

你的家乡在哪个省或自治区呢?你现在知道你所在省区名称的来源了吗?以上是对各省区名称由来的简单介绍,其他更详细些的答案,就留给你去探寻啦。

知识加油站

省、自治区的简称

我国的每个省、自治区都有自己的简称,有些是以该省或自治区名称的首字或尾字为简称,比较容易理解。如辽(辽宁省),吉(吉林省),黑(黑龙江省),苏(江苏省),浙(浙江省),川(四川省),贵(贵州省),云(云南省),陕(陕西省),甘(甘肃省),青(青海省),台(台湾省),内蒙古(内蒙古自治区),藏(西藏自治区),宁(宁夏回族自治区),新(新疆维吾尔自治区)。

有些简称看上去和省、自治区的名称不沾边,但是有一定的来历,在这里需要解释一下:

因有一部分地方在古代属于冀州(古代九州之一),所以河北省简称"冀";

因省内大部分地区在先秦时属于晋国,所以山西省简称"晋";

因省内先秦时有皖(wǎn)国、皖山(今天柱山)、皖水,所以安徽省简称"皖";

因古代是闽越人的居住地,所以福建省简称"闽";

因赣(gàn)江纵贯全省,所以江西省简称"赣";

因省内先秦时有鲁国,所以山东省简称"鲁";

因古代属于豫州(古代九州之一),所以河南省简称"豫";

因旧时省会武昌是隋朝以后鄂州的治所(古代地方政府所在地),所以湖北省简称"鄂";

因湘江纵贯全省,所以湖南省简称"湘";

因古代是南越之地,"越"也写作"粤",所以广东省简称"粤";

因海南岛旧称"琼崖""琼州",所以海南省简称"琼";

因省内有先秦时的蜀国,所以四川省简称"川"的同时还有另一个简称"蜀";

因省内大部分地区在唐朝时属于黔中道,所以贵州省简称"贵"的同时还有另一个简称"黔";

因战国到西汉汉武帝时省内有滇国之地,所以云南省简称"云"的同时还有另一个简称"滇";

因先秦时是秦国之地，所以陕西省简称"陕"的同时还有另一个简称"秦"；

因省境在陇山之西，别称"陇西"或"陇右"，所以甘肃省简称"甘"的同时还有另一个简称"陇"；

因明清时省会在桂林府，所以广西壮族自治区简称"桂"。

阅读小贴士

地名也有"职称"

在大学里，老师们的职称从高到低依次为教授、副教授、讲师、助教。比附到行政区划上，从高到低的"职称"也很清楚。以2022年底为例，我国的行政区划数达到了41812个（不包括台湾省的地级、县级、乡级三级行政区划数据）。其中有34个省级行政区，包括23个省、5个自治区、4个直辖市、2个特别行政区；333个地级行政区，包括293个地级市、30个自治州、7个

地区、3个盟;2843个县级行政区,包括1301个县、977个市辖区、394个县级市、117个自治县、49个旗、3个自治旗、1个六枝特区、1个神农架林区;38602个乡级行政区,包括21389个镇、8984个街道、7116个乡、957个民族乡、153个苏木、2个区公所、1个民族苏木。在这四级行政区划中,每级总有一个对应着"你的家"。

现在,请告诉我们你的家在哪里吧!

桂林漓江

七大古都

小学《语文》课本中提到过北京、南京、洛阳、杭州、安阳等城市，如果再加上西安、开封，就是我国的七大古都。

我们伟大的祖国历史悠久，在上下五千年的漫漫时间长河中出现过许多大大小小的政权，每个政权都有自己的都城。如果把这些都城画在中国地图上，就会像夏夜星空的繁星一样灿烂。

在中国历史上，七大古都曾经是许多王朝的都城。

洛阳应天门一角

北京故宫

七大古都

西周、秦、西汉、西魏、北周、隋、唐等17个王朝曾在**西安建都**；

战国燕、金、元、明、清等11个王朝或政权曾在**北京建都**；

东周、东汉、曹魏、西晋、北魏、隋、唐、后梁等13个王朝曾在**洛阳建都**；

孙吴、东晋、南朝宋、南朝齐、南朝梁、南朝陈、南唐、明8个王朝曾在**南京建都**；

战国魏、后梁、后晋、后汉、后周、北宋、金7个王朝或政权曾在**开封建都**；

殷商、后赵、冉魏、前燕、东魏、北齐6个王朝曾在**安阳建都**；

吴越、南宋曾在**杭州建都**。

这7个城市是历史上建都时间最长、王朝统治地域最广、对历史影响最深的城市，因而被称为"七大古都"。

做都城时间最长的西安

西安是陕西省的省会，在汉唐时被称作"长安"，明朝初年被改称"西安"，有"西部安定"的意思。

西安作为古都，在历史上可以分为4个时期，即丰镐（西周首都丰邑、镐京）期，咸阳（秦都）期，西汉长安期和隋唐长安期。秦都咸阳位于九嵕（zōng）山之南、渭河北岸，山南和水北都是阳面，因此得名，"咸"指"全部、都"。历史上渭河曾因改道，冲毁了秦都咸阳，因此今天的西安城区是在隋唐长安城的基础上发展而来的。唐长安城对日本京都的城市布局影响也很大。

西安鼓楼

西安在中国历史上作为都城的时间特别长。在西安建都的王朝特别多，因此遗存的名胜古迹也特别多，如著名的秦始皇陵及兵马俑坑、阿房宫遗址、大雁塔、小雁塔、碑林、钟楼、鼓楼、明城墙、华清池等。考古发掘出的汉长安城遗址也非常壮观。

中国的首都——北京

北京是中华人民共和国的首都，简称"京"。这里曾是辽朝的陪都、金朝的中都、元朝的大都。

明朝初年，原来的大都改名"北平"，而"北京"这个名称则始于明朝永乐元年（1403）。这一年，燕王朱棣从他的侄儿朱允炆手中夺取了皇位，并将明朝的都城从南京迁到了北平。北平在北方，所以就改名为"北京"。

此后，除1927年到1949年外，北京一直是中国的首都。作为元明清三个大一统王朝的都城，北京留下了故宫、长城、颐和园、圆明园遗址、天坛、地坛、日坛、月坛、社稷坛、北海、景山等众多名胜古迹。

历史文化遗址丰富的洛阳

洛阳因在洛水的北面而得名。

西周时期，开国元勋周公（姓姬，名旦，也叫周公旦）在这里营建洛邑。

到了东周时期，洛阳成为当时的都城。后来，洛阳也是东汉、北魏、唐朝的都城。要知道，北魏孝文帝改革的措施之一，就是迁都洛阳呢。洛阳

长城远景

在唐朝时也被称为东京。

我们今天看到的洛阳城就是在唐朝东京城的基础上发展而来的,偃师二里头遗址、偃师商城遗址、东周王城遗址、汉魏洛阳城遗址、龙门石窟、汉函谷关、含嘉仓遗址等历史文化遗址令人目不暇接。

地形险要的南京

说到南京,还有一个有趣的故事。南京曾被诸葛亮称为"龙盘虎踞"之地。这是为什么呢?东汉末年,曹操、刘备、孙权建立的三个政权都想消灭对方,从而统一天下。曹操先是打败

了刘备，随后就想去攻打孙权。刘备打算与孙权联合起来对付曹操，就派军师诸葛亮来到孙权政权的所在地，也就是今天的南京。诸葛亮见到南京的地形之后，不由得感叹："钟山像龙一样盘卧在城的东边，石头城（孙权在南京石头山建的城）像虎一样蹲踞在西边，这真是帝王居住的地方啊！"这番话的意思是形容南京的地形雄壮险要。后来，"龙盘虎踞"除了特指南京之外，也用来比喻某地的地形雄壮险要。

历史上，南京有过很多不同的名字：战国时期楚国称它金陵邑，秦称它秣（mò）陵，三国吴称它为建业，东晋叫它建康，唐称昇州，元称集庆路。朱元璋于洪武元年（1368）建都应天府（今南京市），称京师；永乐十九年（1421），明成祖迁都北平

玄武湖

后，改北平为北京，称京师，原京师应天府改为南京，作为留都。清初改应天府为江宁府，但习惯上仍称为南京。1927年国民政府定都于此。南京的名胜古迹有中山陵、明孝陵、总统府、夫子庙、玄武湖、燕子矶等。

曾经繁华的开封

开封在春秋时期的名字叫"启封"。到了西汉，为了避汉景帝刘启之讳而将"启封"改为"开封"。北周时因城临汴水，称汴州。五代后梁时，开始称作开封府，也称汴京。北宋时被誉为"天下首府"。张择端的《清明上河图》描绘的就是北宋都城开封的繁华景象。

开封有一处重要的建筑叫"铁塔"，它是开封的标志性建筑，还是我国首批公布的国家重点保护文物之一呢！铁塔是在北宋皇祐元年（1049）建造的砖塔。为什么用砖建造的塔会被叫作铁塔呢？原来，建造这座塔使用的砖并不是普通的砖，而是一种褐色的琉璃砖，用这种砖建造的塔从外面看起来就像铁一样，所以人们称其为铁塔。铁塔至今仍巍然屹立，但初建时露出地表的塔基现在已深深埋入泥土中了。

你知道吗？经过考古发现，北宋时期的开封城址现在还有呢，只不过它被埋没在开封城区地下十几米处，一直在地下静静地躺着。

甲骨文的故乡安阳

对于安阳这个城市，你可能不太熟悉，它是河南省的一个地级市。安阳是商朝的故都，商朝是我国第一个有文字可考的朝代。商朝是由商族中的商汤建立的，商族兴起于黄河流域，祖先的名字叫"契"，是一位杰出的首领，商汤是契的第十四代孙。商汤灭夏后，迁都了5次，到盘庚时方定都于殷（yīn，今河南省安阳市），所以商朝也称"殷商"。商朝后期在安阳的都城遗址现在叫"殷墟"。殷墟遗址出土的甲骨文，是我们所能见到的最早的成熟汉字。历史上，安阳的部分地区还属于赫赫有名的邺（yè）城（今河北省邯郸市临漳县），邺城是曹魏陪都，东魏与北齐的都城。

殷墟出土的甲骨文

五 千 年 中 华 地 名

杭州西湖

美丽的杭州

杭州的名字最早在隋朝出现。隋朝在全国废除郡制，改为州县制，州的所在地在余杭县（今杭州市余杭区西余杭镇），因此称杭州。

南宋时将杭州定为"行在所"（临时都城），元朝时改为杭州路，明清时改为杭州府，成为浙江省省会。西湖是杭州的名片，白堤、苏堤、杨公堤、赵公堤将湖面分割成若干片，散落着断桥、西泠（líng）桥、雷峰塔、钱王祠、苏小小墓、三潭印月等名胜。

当然，这些古都并不是一次就评选出来的，而是经历了一个发展过程。在20世纪20年代只有五大古都，分别是北京、南京、洛阳、西安和开封。在20世纪30年代加上杭州后成为六大古都。1988年，经中国古都学会常务理事会投票加上安阳后，产生了七大古都。大古都止于"七"的局面恐怕迟早要被打破。目前有些城市正在竞选成为第八大古都、第九大古都。那么究竟哪些城市有资格进入"大古都"行列呢？你觉得你的家乡有没有资格呢？你可以开动脑筋想一想。

知识加油站

作为城市别称的"都""城""乡"

由于某种资源富集或在某个方面特色明显，中国的许多城市都拥有令人自豪的别称。称"都"者如钢都鞍山、煤都抚顺、盐都自贡、雾都重庆、文都桐城、陶都宜兴；称"城"者如花城广州、泉城济南、春城昆明、鬼城丰都、冰城哈尔滨、日光城拉萨、服装城石狮；称"乡"者如成语之乡邯郸、武术之乡沧州、榨菜之乡涪陵、水仙花之乡漳州。你还知道哪些城市有这样的别称呢？

国家历史文化名城

国家历史文化名城是指保存文物特别丰富并且具有重大历史价值或者革命纪念意义的城市。国务院曾于二十世纪八九十年代公布过三批国家历史文化名城的名单,21世纪以来又陆续有所补充。截至2023年10月10日,国务院已将143座城市列为国家历史文化名城,并对这些城市的文化遗迹进行了重点保护。

小学《语文》课本中,提到了23座国家历史文化名城。按照不同的特点,国家历史文化名城可分为七类。

第一类,历史古都型。历史上曾作为古都城,并且以都城时代的历史遗存物、古都的风貌为主要特点的城市,如苏州、

绍兴、荆州、拉萨。

苏州在春秋时期是吴国的都城。苏州城址在2000多年以来一直未变，而且还有8座古城门被保留了下来，如阊门、胥门、盘门、蛇门、匠门、齐门、平门、娄门。苏州最有名的应该就是苏州园林了，苏州有"园林之城"的美誉，其园林以小桥流水著称，如拙政园、网师园、狮子林、退思园、留园、沧浪亭等。其他名胜古迹有虎丘、枫桥、寒山寺、宝带桥等。

苏州拙政园

秦朝在苏州设置会稽郡，东汉时会稽郡的郡治迁到今天的绍兴。隋唐、北宋时，绍兴称越州，南宋时才由宋高宗改名为"绍兴"，寓意为"绍祚中兴"，也就是要继承帝业，中兴社稷。越王勾践"卧薪尝胆"、王羲之"兰亭雅集"等故事都发生在绍兴。绍兴的名胜古迹有大禹陵、沈园、鲁迅故居等。

荆州在历史上曾称"江陵"，是湖北省的政治中心。直到元明清时期，省城才迁移到今天的武汉市。荆州的古称除江陵外，还有郢（yǐng）都，也就是春秋时期楚国的都城。中国古代文化对周边国家的影响很大，今天的韩国有个城市也叫江陵,其城名有可能就来源于中国。

中国是统一的多民族国家,56个民族像石榴籽一样紧紧抱在一起。少数民族在历史上建立的政权,也是中国历史的重要组成部分。藏族同胞世代居住在青藏高原,历史上曾建立过吐蕃王朝,吐蕃王朝的都城逻些就在今天的西藏自治区拉萨市。宏伟的布达拉宫就建造于吐蕃王朝时期,至今仍屹立在拉萨市中心的玛布日山上。

第二类,传统风貌型。 保留一个或几个历史时期积淀的完整建筑群的城市,如淮安、济南。

淮安市有清江浦,清朝时是黄河、淮河、运河三河交汇处,"治黄保运"是当时的头等政治任务,故有河道总督驻扎在此,今有河道总督署旧址。清江浦稍南的淮安区有漕运总督署、淮安府署旧址。民国时期,清华大学有位教授名叫浦江清,有人出上联"浦江清在清江浦",要求对下联,倒也妙趣横生。

淮安府署

济南,因在济水之南而得名。长江、黄河、淮河和济水在古代被合称为四渎。济水在清朝时又名大清河。清咸丰五年(1855),铜瓦厢决口,黄河夺占了大清河河道,从那以后,济水就成了黄河河道的一部分。济南号称"泉城",有趵突泉、大明湖等名胜和明府城等古迹。

第三类,一般史迹型。这类城市的历史传统主要体现在分散在全城各处的文物古迹,如金华。

金华是南朝梁时开始的政区名称,以"金星与婺女争华"而得名,金星、婺女都是天上的星宿。城南的八咏楼是南朝著名文学家沈约建造的,南宋李清照创作了著名的诗篇《题八咏楼》:"千古风流八咏楼,江山留与后人愁。水通南国三千里,气压江城十四州。"城中的侍王府是太平天国侍王李世贤在浙江的军事指挥所,建于1861年,是全国现存的太平天国建筑中保存最完整、规模最宏大的一处。

在今天的金华市婺城区,有个叫罗店(罗店属于姓氏地名)镇的地方,知名景区双龙洞就在罗店镇。双龙洞由内洞、外洞及耳洞组成。明朝的地理学家徐霞客在其《浙游日记》中写道:"外洞,轩旷宏爽,如广厦高穹。而石筋夭矫,石乳下垂,作种种奇形异状,此双龙之名所由起。"

第四类,风景名胜型。由建筑与山水环境的叠加而显示出鲜明个性特征的城市,如扬州、无锡、敦煌。

扬州位于长江下游北岸,历史上曾叫"广陵"。扬州是古代

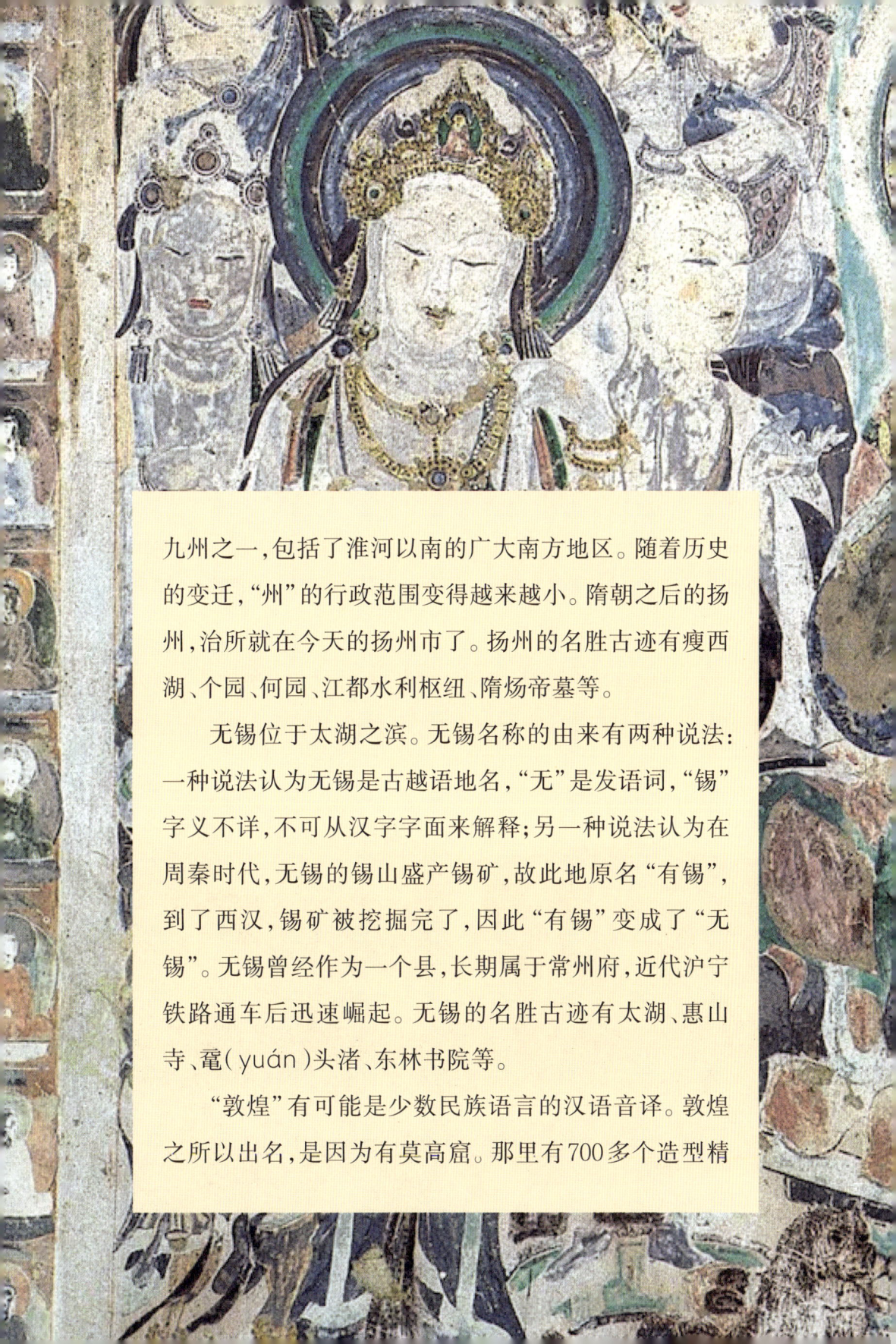

九州之一，包括了淮河以南的广大南方地区。随着历史的变迁，"州"的行政范围变得越来越小。隋朝之后的扬州，治所就在今天的扬州市了。扬州的名胜古迹有瘦西湖、个园、何园、江都水利枢纽、隋炀帝墓等。

　　无锡位于太湖之滨。无锡名称的由来有两种说法：一种说法认为无锡是古越语地名，"无"是发语词，"锡"字义不详，不可从汉字字面来解释；另一种说法认为在周秦时代，无锡的锡山盛产锡矿，故此地原名"有锡"，到了西汉，锡矿被挖掘完了，因此"有锡"变成了"无锡"。无锡曾经作为一个县，长期属于常州府，近代沪宁铁路通车后迅速崛起。无锡的名胜古迹有太湖、惠山寺、鼋(yuán)头渚、东林书院等。

　　"敦煌"有可能是少数民族语言的汉语音译。敦煌之所以出名，是因为有莫高窟。那里有700多个造型精美的洞窟,洞窟里有精美的壁画。其中1900年在第17号洞窟中发现的纸本文书,更是研究北朝至隋唐的珍贵史料,并因此而成就了一门世界性的学科——敦煌学。

第五类,地域特色型。由地域特色或独自的个性特征、民族风情、地方文化构成城市风貌主体的城市,如襄阳、蔚(yù)县、吐鲁番。

襄阳位于湖北省西北部,因地处襄水之北而得名。襄水可能是现在的檀溪。襄阳在汉江南岸,1949年后与汉江北岸的樊城合在一起叫"襄樊",2010年恢复古称"襄阳"。襄阳是战略要地,历代为兵家必争之地。目前,襄阳古城保存基本完好的建筑,主要是明清时期建造的。

河北张家口的蔚县,古称蔚州,又名萝川,曾经是"燕云十六州"之一,民国时期改州为县,一直沿用至今。蔚县历史源

敦煌月牙泉

远流长，文化底蕴深厚，是仰韶文化、红山文化和河套文化的中华文明"三岔口"。蔚县名胜古迹众多，有赵长城遗址、南安寺塔、玉皇阁等。

位于新疆维吾尔自治区东部的吐鲁番，在维吾尔语中是"低地"的意思，有高昌故城、交河故城、火焰山、葡萄沟、艾丁湖等名胜古迹。

第六类，近代史迹型。以近现代历史上某一事件或某个阶段的建筑物或建筑群为显著特色的城市，如上海、重庆。

上海在元朝时建县，其名称来源于"上海浦"（在太湖流域，河流的干流叫"江"，支流叫"浦"）。鸦片战争后，上海成为首批开放的通商口岸之一，在上海老县城（今豫园一带）之北，建立了英租界、美租界、法租界，后来英美租界合并为公共租界，上海城区成倍扩大。外滩遗留至今的欧美风格建筑群已成

为上海的显著特征。

重庆在南宋时以"双重喜庆"之意而得名，1997年成为直辖市，简称"渝"。重庆中心城区有红岩革命纪念馆、解放碑、朝天门、歌乐山、渣滓洞等值得参观的地点。重庆号称"山城"，陡峭的山坡、曲折的石阶、重重叠叠依山而筑的吊脚楼，是临江门的写照。临江门原系重庆府城北门，城门早已不见，如今已被现代化高楼大厦代替。

第七类，特殊职能型。因某种职能而在历史上占有极突出的地位的城市，如景德镇、自贡。

景德镇是中国的"瓷都"，有着悠久的制瓷历史。早在汉朝，这里就烧制出了表面施釉的"青瓷器"。明朝时，景德镇的青花瓷在中国瓷器中占据主导地位，景德镇也因此被称为"瓷都"。景德镇的名胜古迹有古窑民俗博览区、龙珠阁、师主庙等。

景德镇古窑民俗博览区　　　　　自贡恐龙博物馆

自贡以盛产井盐闻名,素有"千年盐都"之称,至今已有2000多年的制盐历史了。井盐与恐龙、灯会被称为自贡"大三绝",因此自贡又有"恐龙之乡""南国灯城"的美誉。自贡的名胜古迹有燊(shēn)海井、荣县大佛、尖山等。

> 知识加油站
>
> ## "殡仪馆"的由来
>
> 近代有许多新生事物都是首先出现在上海。如1925年,美国人租下了位于今胶州路207号的一幢三层花园洋房,开办万国殡仪馆。自此"殡仪馆"一词被国人接受。万国殡仪馆是上海第一家正规殡仪馆,1931年徐志摩葬礼、1936年鲁迅葬礼都在此举行。万国殡仪馆在1966年歇业,它的旧址如今是上海假肢厂。

阅读小贴士

地名的分类

地名是人们赋予各个地理实体的专有名称。按照地理实体性质,可以分为自然地名、人文地名;按照地理实体形态,可以分为点状地名、线状地名、面状地名；按照地名出现时间早晚和使用时间长短，可以分为历史地名（已经废止）、现势地名（仍在使用），或者古地名、今地名。

重庆吊脚楼

闻一多与《七子之歌》

闻一多是中国近现代诗人、学者、民主战士，1899年11月24日生于湖北省浠水县巴河镇。1924年6月毕业于美国科罗拉多大学。1932年8月任清华大学国文系教授。1937年抗日战争全面爆发后，任教于西南联大。1945年3月，联名发表《昆明文化界关于挽救当前危局的主张（草案）》。1946年7月15日，在悼念李公朴的大会上斥责国民党暗杀李公朴的罪行，当日下午被国民党特务暗杀。

提起闻一多，大家最熟知的应该就是《七子之歌》了。1925年7月，闻一多发表《七子之歌》组诗，用拟人化的手法，把中国的澳门、香港岛、台湾、威海卫、广州湾（今广东省湛江市)、九龙岛和旅大(旅顺、大连)七处被割让、租借的地方,比作祖国母亲被夺走的7个孩子,让他们来倾诉"失养于祖国,受虐于异类"的悲哀之情。"以抒其孤苦亡告,眷怀祖国之哀忱",从而让民众从漠然中警醒,振兴中华,收复失地。每首诗均以"母亲!我(们)要回来,母亲!"结尾。全诗整体构架均齐、各节匀称,旋律回旋起伏,一唱三叹饶有韵味。其中,《七子之歌·澳门》被改编为歌曲,成为迎接澳门回归的主题曲。在小学《语文》课本中,选录了《七子之歌·澳门》和《七子之歌·香港》两首。下面我们就一起来认识这些地方。

澳门中的"澳",指的是广东沿海海岸弯弯曲曲可以停船的地方,而该地海水纵横于半岛及大小横琴间,成十字门水域,故名"澳门"。明朝嘉靖三十二年(1553),葡萄牙殖民者初到澳门经商贸易,在妈阁庙附近登陆,因不知此地地名,便询问当地的中国人。当地人以为问的是妈阁庙,便告诉葡萄牙人叫"妈阁"。葡萄牙人误以为"妈阁"是这里的地名,于是将澳门称为 Macau(妈港),后转化为英文 Macao,相沿至今。澳门被葡萄牙强占了112年,于1999年12月20日回到祖国的怀抱。

"香港"一名见于明朝万历郭棐《粤大记》所附

澳门大三巴牌坊

"广东沿海图"、清初杜臻《粤闽巡视纪略》等记载。关于香港的得名,普遍的说法是因这里是转运南粤香料的集散港,也有人说因该地出产沉香。但还有一种说

香港

法,认为与海神天后(妈祖)有关。相传,古时候有一个红香炉从海上漂流到岸边的天后庙前,当地居民认为这是天后"显灵",便把它供在庙里,因而把这个地方称为"红香炉港",简称"香港"。1841年1月26日,英国强占香港岛,从此开始了对香港长达156年的殖民统治。根据1984年底中英双方签署的《关于香港问题的联合声明》,中国政府已于1997年7月1日对香港恢复行使主权。

九龙岛其实是九龙半岛,在香港的北边。相传南宋末年,幼帝赵昺(bǐng)逃出临安府(今浙江省杭州市)后,在左丞相陆秀夫的陪同下,从福建避难至珠江口东岸的大鹏山,当地村民为幼帝安

九龙岛

排住所,将巨岩耸峙的山间岩洞作为皇帝的寝宫。有一天,幼帝问陆秀夫:"这里有八座山,按照一座山有一条龙的说法,这儿该有八条龙了吧。"陆秀夫解答:"启奏陛下,这里应有九条龙。"幼帝不解,陆秀夫解释道:"陛下为天子,乃真龙下凡,加上您说的八条龙,就该是九条

龙了。"幼帝听后大喜。从此,这个地方就一直被称作"九龙"。1898年6月9日,英国强迫清政府将九龙半岛及其附近岛屿即所谓的"新界","租借"给英国,租期99年。

台湾原为清朝福建省的一个府(台湾府),1885年清政府将台湾单独建省。1895年台湾被日本侵占,1945年回归祖国。然而,台湾从中华人民共和国成立后被国民党军队盘踞至今,造成了新的分离,海峡两岸尚待统一。

威海卫在今威海市。明朝洪武三十一年(1398)设威海卫,取"威震海疆"之意。晚清时威海卫为北洋水师重镇,驻刘公岛。在中日甲午战争中清政府战败,北洋水师全军覆没,威海卫被日本占领。1898年,威海卫被英国强行租占,1930年被收回。1938年,威海卫又被日本占领,1945年被解放,设为威海卫市。

威海海岸风光

"广州湾"一词最早出现在晚明典籍里。1899年,法国逼迫清政府签订条约,把"广州湾"租借给法国99年。1943年,广州湾被日本占领。1945年抗日战争胜利后,广州湾回归,定名为"湛江市"。湛江之名的由来,是因为隋朝曾设椹川县,设市时改"椹"为"湛",释"川"为"江"。

　　"旅大"曾是旅顺和大连的合称。1898年,中俄签订条约,确定将旅顺口、大连湾租给俄国。日俄战争后,旅大成为日本殖民地。抗日战争胜利后,旅大又被苏联占据。1955年,中国收回了旅大主权。今天的旅顺口,在元朝时被称"狮子口",明初军队从蓬莱跨海登陆,收复辽东,因海上旅途一帆风顺,遂改"旅顺口"。"大连"有可能是"褡裢"的谐音,褡裢即我国北方常见的一种布口袋。

湛江

闻一多在创作《七子之歌》的时候，这些被割让、租借的地方都在帝国主义列强的统治之下。近代被帝国主义列强侵占的，还有山东的胶澳租借地，清末被德国占据。第一次世界大战结束后，欧洲列强召开巴黎和会，妄想把德国在山东的权益全部转让给日本，这引发了1919年5月4日发生在北京的五四运动。这场爱国运动使帝国主义列强的阴谋没有得逞。1922年，中国收回了胶澳租借地和山东的全部权益。

知识加油站

"中国地图式"的台北道路

1945年，被日本帝国主义侵占了50年的台湾光复回归中国，如何将带有日本味道的地名改为具有中国特色的成为当务之急。1947年，重新命名台北道路的任务交给了从上海被调派到台北的建筑师郑定邦。郑定邦经过苦思冥想终于有了主意，他拿出一张中国地图，将其浮贴在台北地图上，把中国地图上的省、区、城市名称依照东南西北中的方位，一条一条对应到台北街道上，于是，一幅中国地图便以地名的形式"铺展"在了台北。今天，你到台北市旅游，走在长春路、成都路、重庆路、南京路、西藏路、宁夏路、宁波西街、大理街、昆明街、哈密街、辽宁街上，那种海峡两岸血脉相连的感觉会油然而生。

阅读小贴士

寻根圣地

有些地名会长久保存在一些移民的心里或家族的族谱中，人们往往称这类地名为"寻根"地名。比如人们耳熟能详的中国"寻根圣地"：山西洪洞大槐树、湖北麻城孝感乡、河南固始、福建宁化石壁村、广东南雄珠玑巷、山东兖州枣林庄、江苏苏州阊门、江西鄱阳瓦屑坝、河北滦平小兴州、河南滑县白马城。你知道这些地名背后的故事吗？如果不知道，快去查一查、问一问吧，说不定其中某一个地名就与你的家族有关呢。

红色地名，不忘初心

中国共产党的初心和使命，就是为中国人民谋幸福，为中华民族谋复兴。100多年来，党终于带领人民推翻帝国主义、封建主义、官僚资本主义三座大山，建立人民当家作主的政权，让老百姓过上了幸福的日子。其中，经历了难以言表的艰难险阻，胜利来之不易，也留下了让人难忘的红色地名。

小学《语文》课本中涉及的红色地名有20多个，每个地名的背后，都有着动人的故事。

井冈山——第一个农村革命根据地

中国共产党成立于1921年的上海。在第一次国共合作失败后，中国共产党人认识到，要实现理想，只有组织自己的工农武装才行，于是在1927年发动了南昌起义、秋收起义和广州起义。

秋收起义后，毛泽东同志率领队伍来到江西的井冈山，在这里建立了中国第一个农村革命根据地——井冈山革命根据地。1928年，朱德同志率领的起义部队与毛泽东同志率领的队伍在井冈山会师，建立了中国工农红军第四军。

井冈山这个名称是怎样来的呢？在当地有一种流行的说法：明末清初，有一户姓蓝的人家，从广东迁到五指峰下的一块平地安了家。这里四面环山，看上去就像一口井，前面又有一条小溪流过，当地人就称这条小溪为"井江"，这个村子也因此被叫作"井江山村"。因当地人的口音问题，"江"被读成了"冈"，久而久之，这里就被叫成了"井冈山村"。1928年冬天，毛泽东同志在起草

井冈山革命根据地一角

《井冈山的斗争》这篇文章中首次正式使用"井冈山"这个名称,从此,井冈山开始闻名于世。

井冈山位于江西、湖南两省交界处的罗霄山脉中段,作为党的革命根据地,井冈山革命根据地包括江西4个县、湖南2个县的全部或部分区域。茅坪镇则是井冈山斗争时期党、政、军最高领导机关所在地,目前属于井冈山市管辖。这里的革命旧址十分集中,八角楼毛泽东旧居、红四军士兵委员会旧址、红军医院旧址、红军烈士墓等都在这里。

井冈山革命根据地是中国共产党建立的第一个农村革命根据地,从此,中国革命走上了农村包围城市、武装夺取政权的正确道路。

瑞金——吃水不忘挖井人

从1928年开始,国民党军队多次发动对井冈山革命根据

瑞金红色中华
新闻台旧址

地的"会剿"。红军决定主动出击,毛泽东同志带领红军主力向东发展,建立了赣南、闽西革命根据地,进而在1930年形成了包括20多个县城的中央革命根据地,次年又建立了中华苏维埃共和国临时中央政府,因此中央革命根据地也简称"中央苏区",江西瑞金成为红色首都。另外,规模仅次于中央苏区的鄂豫皖革命根据地也于1930年建立了,主要由湖北省东北部、河南省东南部、安徽省西部的根据地组成,核心是大别山区,领导人物有徐向前等同志。

瑞金古时候盛产砂金,唐末这里设有淘金场,黄金自古被人们认为是祥瑞之物,因此称"瑞金"。五代南唐时设瑞金县。在瑞金的沙洲坝村,由于老百姓没有干净的水喝,毛泽东同志就带领大家挖了一口井,"吃水不忘挖井人"的故事一直传颂至今。

延安革命纪念馆

延安——革命圣地

在江西的中央苏区,红军粉碎了蒋介石集团的四次"围剿",但第五次反"围剿"失败,红军被迫做战略性转移,开始了举世闻名的二万五千里长征。长征结束后，红军到达陕北，建立了以延安为中心的陕甘宁革命根据地，中国共产党在此领导了伟大的抗日战争和解放战争。延安这个地方，成了中国的革命圣地。

"延安"是隋朝时出现的地名，意思是盼望这个地方安宁。它位于陕西省北部，城南有高高的宝塔山，宝塔山与清凉山之间则是蜿蜒流过的延河，清凉山西北不远处有杨家岭革命旧址。在1938年11月到1947年3月，杨家岭曾是中共中央的所在地，中国共产党第七次全国代表大会就是在杨家岭的中央大礼堂召开的。在中共七大会址旁边的小山坡上，散落着一排窑洞，是毛泽东、朱德、周恩来、刘少奇等领导当年的住所。

杨家岭中央大礼堂

延安还有一个地方叫枣园，它离杨家岭不远，1943年10月，中共中央书记处从杨家岭迁到了枣园。中共中央书记处在枣园办公期间，领导了全党的整风运动和解放区军民大生产运动，还筹备召开了中共七大，取得了抗日战争的胜利。那5座依山分布的、独立的院落,分别是毛泽东、朱德、周恩来、刘少奇、任弼时、张闻天、彭德怀、王稼祥等人的旧居。

枣园毛泽东旧居

狼牙山——谱写壮丽诗篇

抗日战争时期,八路军第一一五师一部在聂荣臻同志的带领下创建了晋察冀抗日根据地。在整个抗日战争期间,晋察冀抗日根据地军民多次击退日军的"大扫荡",其中一次战斗就发生在1941年秋天的河北易县狼牙山,这里山峰耸立,危峰参差迭起似狼牙,因此得名。

我们在小学《语文》课本中了解到的"狼牙山五壮士"的英勇事迹就发生在这里。那是在1941年的秋天,晋察冀军区第1军分区第1团第7连第6班的战士马宝玉、葛振林、宋学义、胡德林、胡福才,他们为了掩护主力部队和群众向龙王庙转移,故意把日军引向狼牙山的顶峰棋盘陀。他们边攀登边依托大树和岩石阻击敌人。最终他们打完了所有子弹，只剩下一颗手榴弹。眼看敌人又要扑上来，班长马宝玉嗖的一声拿出手榴弹，毫不犹豫朝敌人扔去。一声巨响，手榴弹在敌群中炸开了花。五位壮士在山顶眺望着主力部队和群众远去的方向，班长马宝玉激动地说："同志们，我们的任务胜利完成了！"望着还在向上攀爬的敌人，马宝玉第一个纵身跳下了深谷，其他战士也相继从悬崖上跳了下去。他们用生命和鲜血谱写了一首气吞山河的壮丽诗篇。

在晋察冀抗日根据地北部，有一条河叫还乡河，与小学《语文》课本中"小英雄雨来"的故事有关。还乡河发源于今河北省迁西县的泉庄村，流经唐山市丰润区、玉田县，在天津汇入蓟运河入海，全长160千米。故事中还乡河边的芦花村原型，是今丰润区城北的芦各庄，东庄应该在此附近。

狼牙山五壮士雕像

齐会村——小村庄名气大

齐会村位于河北省中部的冀中平原,河流纵横,物产丰富,交通发达,是抗日战争时期敌我双方争夺的重要地区之一。1938年12月,贺龙、关向应曾率领八路军120师主力开赴冀中,并在第二年的4月,在河间县(今河间市)齐会村一带歼灭日军700多人,取得了平原地区歼灭战的重大胜利。

大家耳熟能详的国际共产主义战士白求恩同志,就是在齐会村附近的小庙里坚守手术台的。小小的齐会村竟然如此有名,那它的名字是怎么来的呢?传说北宋末年金兵南下,盗贼蜂起,当地人为了生命财产安全,把附近的7个小村联合起来,组成一个大村,共同对付盗贼,因此起名"七会",后来被讹写为"齐会"。

齐会战斗纪念碑

刘胡兰村——英雄少女大义凛然

抗战胜利后,国民党又挑起了内战,中国共产党通过放手发动群众,团结一切可以团结的力量，建立最广泛的人民民主统一战线，实行集中优势兵力、各个歼灭敌人的作战原则和积极防御的方针，取得了战争的胜利。如华东野战军于1947年在今山东省菏泽市东部的沙土集发动战斗，集中优势兵力歼灭敌人第57师近万人，打了一个大胜仗。在内战期间，很多人献出了宝贵的生命，当中就有女英雄刘胡兰。

　　1932年，刘胡兰出生在山西省文水县一个叫作云周西村（现改名为刘胡兰村）的地方。1945年，年轻的刘胡兰担任了云周西村妇女救国联合会的秘书，1946年又调任第五区"抗联"妇女干事。1947年1月12日，一支国民党军队突然包围了云周西村，面对敌人的威逼利诱，刘胡兰大义凛然、视死如归，保住了党的秘密。最后，年仅15岁的刘胡兰英勇就义。毛泽东同志为刘胡兰题词："生的伟大，死的光荣。"

刘胡兰雕像

391高地和上甘岭——可歌可泣的革命英雄

1950年,朝鲜战争爆发,以美国为首的"联合国军"攻占了朝鲜的多个城市,并越过北纬38度线一路向中朝边境开来。同时,美国飞机多次侵入中国领空,轰炸中国丹东地区,严重威胁着我国的安全。中国人民为了抗美援朝、保家卫国,组成了中国人民志愿军进入朝鲜,与朝鲜人民并肩作战。

邱少云烈士就是在抗美援朝中壮烈牺牲的。那是在1952年10月11日,邱少云和

邱少云雕像

战士们为了配合第二天大部队向敌人发起的进攻,在距离敌人几十米远的391高地(位于朝鲜铁原东北约10千米处)找到了一条比较隐蔽的小山沟,在这里执行潜伏任务。他们都趴在周围的草丛里,身上也用厚厚的茅草做伪装。到了12日,敌人发起炮弹袭击,不幸的是,一颗炮弹正好落在邱少云的身旁,他的棉衣烧着了。不一会儿,烈火就把他整个包围了。然而,为了不暴露目标,邱少云一直趴在那里,他咬紧牙关,纹丝不动,以惊人的毅力忍着剧痛,任由烈火燃烧自己,直至壮烈牺牲。到了12日晚的总攻时间,大部队攻占并巩固了阵地,取得了战斗的胜利,391高地上飘扬起我军胜利的红旗。

上甘岭战役是1952年10月14日至11月25日中国人民志愿军与"联合国军"展开的一场著名战役。上甘岭是朝鲜的一个小村庄,位于597.9高地和537.7高地之间。597.9高地由东北和西北两条山梁组成,537.7高地由两个南北相对形同驼峰的山岭组成。这场战役的阵地虽然只有3.7平方千米,但为了守住阵地,中国人民志愿军打出了国威军威,不仅从军事上打垮了敌人的攻势,也打出了我军的指挥艺术、战斗作风和团结精神。在这场战役中,志愿军战士依靠坑道,对敌人进行了顽强的抵抗,面对敌人对坑道采取的筑垒封锁、石土堵塞、轰炸爆破、断绝水源、施放毒剂、烟熏等毒辣手段,他们以坚定不移的信念战胜了常人难以想象的困难。

激战整整持续了43天,志愿军战士靠着钢铁般的意志坚持到最后,守住了阵地,取得了胜利,但他们也付出了惨重的代价,他们依托坑道与敌军反复争夺阵地29次,冲锋600多次,伤亡1万多人。而在这场战斗中,志愿军中涌现了一批可歌可泣的英雄人物,有用胸膛堵住敌人疯狂扫射的枪口,为冲击部队打开胜利道路的特级英雄黄继光;有双腿被打断仍坚持指挥战斗,在最后时刻拉响最后一颗手榴弹,与敌人同归于尽的一级英雄孙占元;有身受重伤,在生命的最后一息用自己的身体连接线路,保证指挥联络畅通的二级英雄牛保才……这些志愿军战士的革命英雄主义精神,使上甘岭战役成为英勇顽强的代名词。

黄继光的日记本、背包遗物

朝鲜民主主义人民共和国授予黄继光的金星奖章

小岗村——中国农村改革第一村

中国农村的改革,始于小岗村。小岗村位于安徽省滁州市凤阳县城东25千米处。1978年,小岗村的18位农民冒着极大的风险,以"敢为天下先"的胆识,在土地承包责任书上按下了鲜红的手印,创造了"小岗精神",拉开了中国农村改革的序幕。这18位农民就是小学《语文》课本里提到的"小岗村'大包干'带头人",他们是农村改革的先行者,被国家授予了"改革先锋"称号。

改革开放40多年来,小岗村发生了翻天覆地的变化,目前已成为国家AAAA级旅游景区、全国红色旅游经典景区、中国最美乡村之一、安徽省爱国主义教育基地等。

凤阳县小岗村

知识加油站

以英烈之名标记祖国大地

为了更好地纪念革命烈士,我国有许多地方的名字都以革命烈士的名字来命名,这些地方有的是城市,有的是乡镇,还有的是街道、设施等。如陕西省的子长市(谢子长)、志丹县(刘志丹)、子洲县(李子洲),吉林省的靖宇县(杨靖宇),黑龙江省的尚志市(赵尚志)、一曼街(赵一曼),山西省的左权县(左权),河北省的黄骅市(黄骅),福建省的祥谦镇(林祥谦),江苏省的根思乡(杨根思),湖南省的欧阳海水库(欧阳海)。这样的地名,时刻提醒着我们要"不忘初心,牢记使命"。

第二章

历史地名

地不爱宝——小屯村

1899年,中国诞生了一门世界性的学科——甲骨学。甲骨学的诞生源于甲骨文的发现,而甲骨文最早是在一个不起眼儿的、名叫"小屯"(后来习称"小屯村")的村庄里出土的。

"屯"是人们聚居在一起而自然形成的村落的名称,多见于中国北方。"小屯"这样的地名在中国北方也是比较常见的。而这里的"小屯",专指位于河南省安阳市殷都区西郊乡的小屯村。

甲骨文的发现之谜

那么，安阳市的这个小屯村有什么特别之处呢？

清朝光绪二十五年（1899）之前，小屯村一带的农民在翻耕田地时，经常会拣到一些龟甲和兽骨。这些龟甲和兽骨被敲成碎片或磨成粉末后可以治病，所以也被称为"龙骨"。

1899年，在北京担任国子监祭酒的官员王懿荣（今山东省烟台市福山区人）因患病买药，发现买到的龙骨的碎片上竟然有刻痕！王懿荣本人酷爱金石，是当时有名的金石学家和收藏家，他一下子就对这些刻痕产生了浓厚的兴趣，仔细研究起来。经过一番研究，他发现这些刻痕竟是古代的文字，而且还是商朝的文字！

随着中药材龙骨一变而成古董，它的出土地点也就成了众人

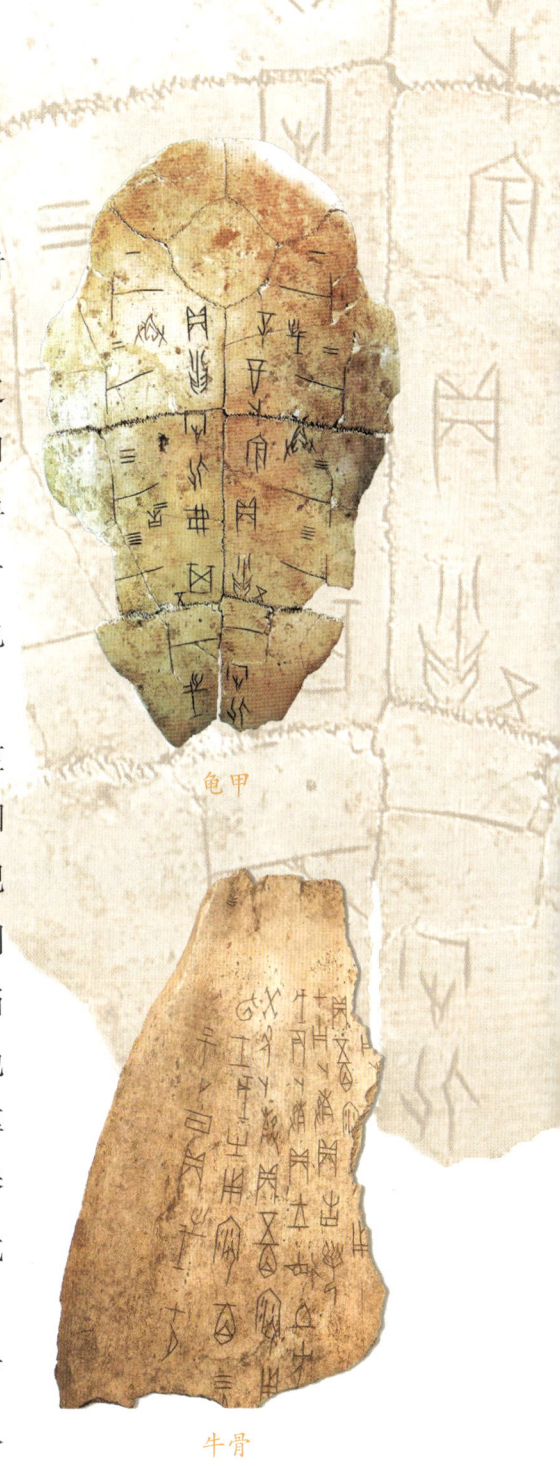

龟甲

牛骨

第二章 历史地名 69

追寻的一个谜。直到1908年,中国学者罗振玉经过多年探访,才得知龙骨出自小屯村。从此,这个一向默默无闻的地方热闹了起来。1928年,考古专家对此地进行了第一次大规模的科学考古发掘,发掘出土了大量有字的甲骨以及其他各类文物。与此同时,以小屯村为中心,一座商朝后期的都城遗址开始出现在世人面前,这就是大名鼎鼎的殷墟遗址。

世界文化遗产——殷墟遗址

目前,殷墟遗址已经进行了数十次考古发掘。这样的考古发掘,直到今天还未结束……

经过学者们前赴后继的发掘、持之以恒的研究,在小屯村发现的殷墟遗址给我们展示了商朝辉煌灿烂的文明。

首先就是那些刻在龟甲和兽骨上的文字,也就是甲骨文。

卜骨

后母戊鼎

现在，殷墟遗址出土的甲骨有15万多片。在这些甲骨上，有4500多个单字，其中能认出的单字大概有1500个。另外，甲骨文又被称为"甲骨卜辞"，这些卜辞基本都是商朝统治者在占卜一些事情时留下的记录，其内容包罗万象。例如，上一页的这件卜骨，记载的就是商王占问是否有灾祸的事。研究证实，甲骨文是我国现存最古老且自成体系的文字。

其次是那些出土的青铜器、玉器、石器、象牙器、陶器、蚌器、海贝等，它们既是解读商朝社会生活的有力实证，也是那个时代发达的制作工艺的反映。比如，后母戊鼎形状巨大，雄伟庄严，是目前已知中国古代最重的青铜器，代表了商朝高度发达的青铜文化。

龙凤玉佩，是龙和凤的合体玉佩，龙在上，凤在下，这种将龙和凤雕刻在一件玉佩上的造型非常独特，是中国龙凤组合在一起的早期艺术形态之一，为后代的玉器造型提供了参考。

石镰，看到这个名字，你是不是已经猜出它的用途了？石镰是一种收割工具，是殷墟遗址出土最多的一种农具，石镰的使用大大促进了商朝农业生产的发展。

龙凤玉佩

石镰

海贝，是一种货贝，在当时可以当钱用。在商朝的一些青铜器铭文中有"赐贝"的记录，当商朝的统治者想奖励某些官员时，就可以将海贝赏赐给他们。可见，海贝在当时无疑是财富的象征。

殷墟遗址出土的珍贵文物，证实了殷墟遗址的重大历史价值。那"殷墟"这个名称是怎么来的呢？我们都知道，"商"是商朝的国号、自称，"殷"是商朝的他称、别号，所以"商朝"也称"殷朝"。连带着，位于小屯村一带的商朝后期都城，因为商朝灭亡后逐渐荒芜了，所以被称为"殷墟"。2006年7月13日，殷墟遗址成为世界文化遗产，焕发出新的生命力。

有个成语叫"地不爱宝"，大致意思是"大地不吝啬它的宝藏"。闻名遐迩的小屯村及殷墟遗址出土的许多珍贵文物，处处彰显着小地名的大魅力！

海贝

殷墟

甲骨文与"甲骨四堂"

甲骨文是我国最早的成熟文字,它的笔画刚劲有力,但字形经常变化。因此研究甲骨文是非常有趣的。在中国近代,有4位研究甲骨文的著名学者,他们被称为"甲骨四堂",分别是罗振玉(号雪堂)、王国维(号观堂)、董作宾(字彦堂)、郭沫若(字鼎堂)。

甲骨文中有许多象形文字,辨认甲骨文,有时就像猜谜一样。下面有12个甲骨文字,你能猜出来它们分别是什么字吗?

这12个甲骨文字其实指的是十二生肖,它们从左到右分别是鼠、牛、虎、兔、龙、蛇、马、羊、猴、鸡、狗、猪。

> 阅读小贴士

地名五要素

你知道吗？地名有五个要素，即：音、形、义、位、类。音比较好理解，指的就是地名的读音；形指的是地名的字形，有时，地名的读音在不同的人口中是有差异的，但只要字形写对了，同样能识别出来；义指的是地名的含义，大多数地名都有丰富的含义，有的是纪念某些著名人物，有的是代表该地的地理特征，有的是寄托着人们的美好愿望；位指的是地名的地理位置，每个地名都有自己的位置和范围；类指的是地名所代表的地理实体的类别，比如"北京市""黄河"这两个地名，"市"和"河"指的就是地理实体的类别。

伟大的水利工程——都江堰

在小学《语文》五年级下册第三单元的"阅读材料"中,有一篇是《关于"李"姓的历史和现状的研究报告》。在这份研究报告的"资料整理"部分"历史名人"一栏列明了,"战国时期的李冰父子主持修建了都江堰水利工程",这里出现了地名"都江堰"。

那么,李冰父子是谁呢?他们为什么要修建都江堰水利工程呢?

2000多年前的伟大工程

李冰是战国时期著名的水利工程专家。在公元前250多年时,秦昭襄王嬴稷任命他为蜀郡守,也就是今四川成都一带的主官。李冰十分能干,他在任期间,在岷江流域兴建了许多水利工程,其中又以他和他的儿子李二郎一起主持修建的都江堰水利工程最为著名。李冰父子也因此被后人铭记与感念。

李冰父子雕像

第二章 历史地名

都江堰位于今天的四川省都江堰市西北的岷江上。你知道吗？都江堰是世界上年代久远、唯一留存、以无坝引水为特征的宏大水利工程，距今已经有2200多年了。它是我国古代水利史上一颗璀璨的明珠，最令人惊叹的是，它至今仍在发挥着排灌作用。

都江堰古称离堆、湔(jiān)堰、都安堰等，到了宋朝才被改为"都江堰"，并一直沿用至今。

长久以来，成都平原"水旱从人，不知饥馑，时无荒年，天下谓之'天府'也"，也就是说成都平原水灾、旱灾可以被人左右，人们不知道饥饿的感觉，这里没有荒年，因此这里有着"天府之国"的美誉，人们在这里安居乐业。但在都江堰修建以前，这里却频繁发生旱涝灾害，这主要是由岷江和成都平原天然的地理条件造成的。

岷江海拔落差大，水势湍急。都江堰修建以前，每当雨季，成都平原就会洪水泛滥，成为一片汪洋；每当旱季，成都平原又是赤地千里，庄稼往往颗粒无收。当时的人们深受其害，治理水患对他们来说是头等大事。直至李冰父子的到来，这样的局面才得到了根本性的扭转。

齐心协力解决水患

李冰刚上任，就致力于解决岷江水患难题。他在岷江出山流入平原的地方，开始了水利工程的修建。

首先，他们凿穿了玉垒山来引水。当时火药还没有被发明出来，李冰父子便采取火烧水泼的办法，运用热胀冷缩的原理，迫使岩石爆裂，终于凿出了一条引水道。因为引水道的口酷似瓶口，所以得名"宝瓶口"。

其次，在距离宝瓶口上游不远的岷江江心，李冰父子指挥工匠们将装满鹅卵石的大竹笼子沉入其中，堆筑起由石堤护卫的分水堰。因为分水堰的前部形状很像鱼嘴，后世就把这个分水堰称为"鱼嘴"。鱼嘴把岷江分流为外江和内江，外江用来排洪，内江的江水则通过宝瓶口进入成都平原，起到灌溉的作用。

最后，有了分水堰，进入内江的水流不再那么汹涌，但会携带大量泥沙、石块，为了进一步完善分洪减灾的功能，李冰父子又在鱼嘴尾部和离堆（宝瓶口旁边的山丘）之间，同样用竹笼沉石的方法，修建了一条溢洪道，将部分内江水引入外江。由于溢洪

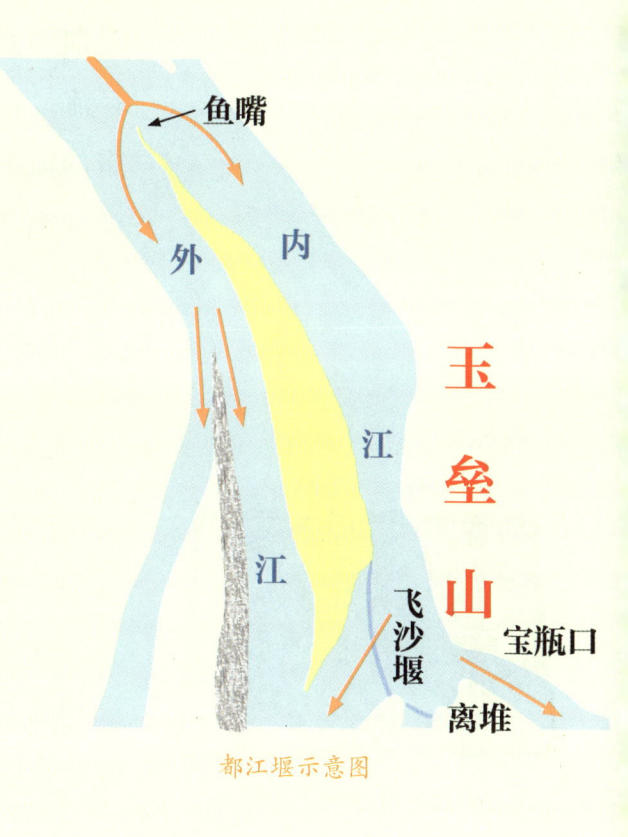

都江堰示意图

李冰治水的六字秘诀

道前面修有弯道,江水会在此处形成环流,当江水超过堰顶时,便将自身携带的泥沙、石块引流到外江,这样,内江和宝瓶口就不会因为泥沙、石块的堆积而淤塞,所以这个溢洪道又被称为"飞沙堰"。

宝瓶口、鱼嘴、飞沙堰三大工程相互依存,成为都江堰水利工程的主要组成部分,为人们彻底解决了水患。都江堰水利工程不仅设计合理,而且还是古代的"高科技"工程呢!例如,它的智慧分水系统——四六分水,当岷江来水少时,四成水会分流进入外江,

六成水会分流进入内江;反之,如果岷江来水多,四成水会分流进入内江,六成水会分流进入外江。

另外,李冰还为后世留下了治水的六字秘诀——"深淘滩,低作堰"。"深淘滩"的意思是人们在为河道清淤时,必须要清到一定的深度,才能保证内江的进水量;"低作堰"的意思是飞沙堰的修筑高度必须低于内江河道,这样才能确保排沙泄洪的效率。

人们遵循着这样的六字秘诀,让都江堰水利工程完成了减灾分流、防堵排沙、农田灌溉三大任务。而历经后世的不断发展,由都江堰延伸出来的灌溉渠道,就像人体的毛细血管一样,遍布整个成都平原,造福了农业。成都平原因此成为"天府之国"。

现在,都江堰已经成为国家AAAAA级旅游景

都江堰景区

区。除了都江堰水利工程,这里还有伏龙观、二王庙(李冰父子庙)、安澜索桥、离堆公园等景点。2000年,青城山－都江堰被评为世界文化遗产。2018年,都江堰又被列入世界灌溉工程遗产名录。这些荣誉的确是实至名归,这也是中国作家、学者余秋雨所说的"拜水都江堰,问道青城山"的文化底蕴所在吧!

小地名,大科技,水利杰作,都江堰当之无愧!

知识加油站

大禹治水和都江堰

你还记得前面提到的大禹治水的故事吗?大禹为了帮助百姓解决水患,离开家乡,经过13年的努力,终于完成了治水大业。有人结合史料认为,大禹也在都江堰地区治过水,因为据说大禹可能就出生在岷江河谷一带,必然也会遇到水患的问题。无论这种说法对不对,大禹和李冰父子一样,都是治水专家,他们以自己的聪明才智和坚韧不拔的奋斗精神治理洪水,造福了后世。

China 真的源于瓷器吗

"上下五千年,纵横一万里",人们经常用这句话来形容我们伟大的祖国。中国不仅幅员辽阔,地域文化也丰富多彩。我们常说的齐鲁文化、燕赵文化、荆楚文化、巴蜀文化、吴越文化、秦文化、晋文化等,指的是不同地域的特色文化,它们大多得名于先秦时代的古国。在小学《语文》课本中,出现过许多先秦时代的古国名称,比如秦国、楚国、宋国、蔡国、魏国、齐国、晋国、燕国、蜀国、吴国……

"美丽的错误"

在这里必须重点说说秦国。秦国怎么就重要了？那是因为由秦国发展来的秦朝，是中国历史上第一个真正意义上的大一统王朝。另外，秦国也和中国的英文名China有关。说到这里，有的同学可能就有疑惑了，China不是和中国的瓷器有关吗？其实这是个"美丽的错误"。

何谓"美丽的错误"？因为China指中国，china指瓷器，所以社会上流行的说法是，中国的英文名源于瓷器的英文名，这样，美丽的瓷器与伟大的中国可谓相得益彰了。但是，这种说法是错误的，因为它颠倒了China与china的因果关系，具体来说，China是先有的，然后再有了china。因为中国的瓷器享誉世界，所以"老外"就以china来称呼中国瓷器以及瓷器这类物品了。

那么，中国的英文名China真实的来源到底是什么呢？目前，中外学术界已经基本达成一个共识，即China来源于"秦"，China起初写作Cina，Cin是对汉字"秦"

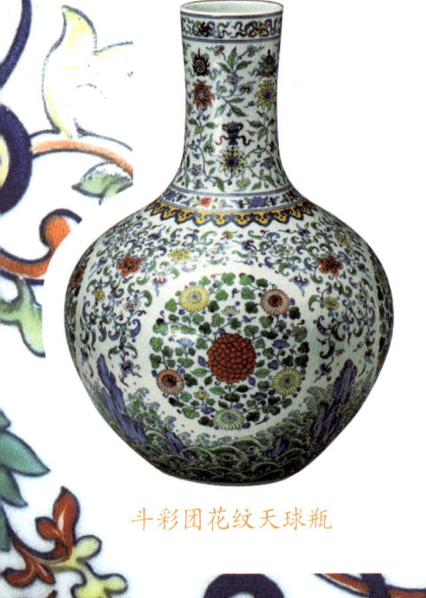

斗彩团花纹天球瓶

的音译,后缀 a 代表地域。Cina 这个称呼,早在公元前 4 世纪就出现在古印度的史诗中了,后来传播到了西方。因此,Cina 在古代就代表一个叫"秦"的东方国家。

"秦"的来源

那秦国是怎么来的呢?公元前890年左右,有个部族的首领非子被周孝王招去养马,因为非子养马养得很好,结果周孝王一高兴,就把今陕西省宝鸡市东的一块地方赐予了非子,让非子做了个小国的国君,非子则把他的这个小国称为"秦"。后来,到了秦襄公时,他被封为诸侯,秦国正式成为周朝的诸侯国。

那秦字最初的含义是什么呢?这得从古文字中找答案。在周孝王时,"秦"字的写法是这样的。

这个字最下面并列的两个像"禾"字的部分,代表密集生长在一起的禾苗;中间像葫芦的部分,代表朝天生长的禾穗;"葫芦"两侧像一对爪子的部分,代表用双手收获禾穗。其实"秦"字的本义源于一种禾名,而且是一种密集生长、禾穗朝天、值得收获的禾。这是什么禾呢?经过学者们的实地考察与资料验证,原来这是禾本科优质牧草猫尾谷(它的谷穗像猫尾),又叫梯牧草。

西周时"秦"字的写法

猫尾谷

关于"秦"的来源，我们也可以这样认为，非子正是靠着持续改良并大量种植"秦"这种牧草，才使得马匹膘肥体壮、大量繁殖，从而得到周孝王的赏赐，成为秦国的开国者。

说到这里，同学们是不是有些大跌眼镜？原来中国的英文名 China 的源头"秦"字，最初竟然是一种牧草的名字！不过，放眼世界，其实这样的情形并不少见。比如在世界各地不同的语言中，巴西（Brazil）的本义是巴西红木，喀麦隆（Cameroon）的本义是龙虾，马里（Mali）的本义是河马，西班牙（Spain）的本义是野兔。可见用物产命名国号是一种常见的现象。按照地名学的术语，这叫特征命名法。

知识加油站

先秦古国的名称是怎么来的

现在，我们知道了秦国国号的来源，那么其他先秦古国的国号都是怎么来的呢？按照历史文献的记载与一些学者的研究，楚国的"楚"字由"林"与"疋（shū，脚）"构成，意为披荆斩棘地行走，楚人在丛林中建国，因为荆棘繁多，所以得名楚国，也称荆国。

宋国的"宋"字由"宀"与"木"构成,所谓"成室以居人",大概周灭商后,希望亡国的商朝人安居闲处,不要闹事,所以将分封商朝后裔之地称为宋。

魏国的"魏"字,与"巍"同义,有高大、强大的意思。

蔡国的"蔡"字,或指野草,或指占卜用的大龟,可能因为其地野草丰茂,或者盛产大龟而得名。

齐国的"齐"字,一种说法认为是麦苗吐穗的样子,还有一种说法认为"齐"通"脐",肚脐在人体的中间部位,齐国人认为他们的国家位于大地的正中。

晋国的"晋"字,下面的"日"指太阳,上面的"亚"在商朝甲骨文、周朝金文中像禾苗,"晋"就是禾苗丰收的意思。

燕国的"燕"字,与燕子有关,燕子背部羽毛呈黑色,在中国古代文化中,黑色对应北方,而燕国位于北方,所以得名"燕"。

蜀国的"蜀"字,象形以桑养蚕,"蜀"字的上部代表蚕茧,里面是蚕宝宝,外面是桑叶。

吴国的"吴",一种说法认为通"鱼",反映了这个国家的人崇鱼喜鱼的习俗;一种说法认为即"大",像人展开双臂、伸开双脚的样子;还有一种说法认为像人一边奔跑一边大声说话的模样。

"武"赤壁与"文"兰亭

你知道吗？有些地名还会反映历代的"文""武"活动，也就是文化和军事活动，如"文县""文安""武昌""武强"等。而有些地名虽然没有"文""武"两个字，却也能反映"文""武"活动。如《语文》课本里出现的"赤壁"与"兰亭"这两个地名。

能"文"能"武"的赤壁

"赤壁"这个名称你一定听说过吧，因为这里发生过一场著名的战役。

东汉末年，群雄并起，天下大乱，后来形成了曹魏、蜀汉、孙吴三个政权鼎立的局面。这与发生在公元208年的赤壁之战有很大关系。原本曹操兵力十分强大，想要南下攻打孙权、刘备两大军事集团，他弄来许多战船，打算渡江到对岸的赤壁主动出击，但曹操军队中的士兵大多是北方人，不擅长水战。而孙刘联军虽然兵力较弱，但他们恰好借助东风，巧用火攻的方式大败了曹操军队，创造了中国军事史上以弱胜强的著名战例。于是，孙权集团得以立足，刘备集团也获得了喘息的机会。

赤壁在今天湖北省赤壁市的长江中游南岸，那里的崖壁上至今还有红色的"赤壁"二字，非常醒目。这是真实发生赤壁之战的地方。800多年之后，北宋大文豪苏轼被贬到黄州（今湖北省黄冈市）时，写下了著名的《赤壁赋》。这里的赤壁被后人称为"文赤壁"，也叫"东坡赤壁"；而真实发生赤壁之战的赤壁，则被称为"武赤壁"。

那赤壁之战的古战场到底是在赤壁市还是黄冈市呢？人

崖壁上的"赤壁"二字

赤壁古战场景区

们曾经对此有很大的争议。不过,现在根据史料记载,人们一致认为,赤壁市才是赤壁之战的真正所在地。当然,赤壁之战发生时,赤壁市的名字还不是"赤壁"。那为什么叫"赤壁之战"呢?赤壁又在哪里呢?

原来赤壁是一座山的名字,即赤壁山,这座山临江而立,赤壁之战因发生在此地而得名。赤壁之战15年后,这里被划入新设的"蒲圻县",蒲圻县于1986年撤县改市,称蒲圻市。1998年,学者们确定这里是赤壁之战古战场,蒲圻市才正式更名为赤壁市。

"文"兰亭

"赤壁"这个地名可谓"文武双全",而兰亭只有"文"。

兰亭位于浙江省绍兴市柯桥区兰亭街道兰亭村,东晋大书法家王羲之曾经居住在这里。王羲之还在兰亭举办过盛大的诗词集会——兰亭雅集,受到了无数文人墨客的追捧。他在这里写的著名书法作品《兰亭集序》也成了千古绝唱。

353年,好客的大书法家王羲之召集不少名士和家族子弟,总共有42人,在兰亭举办了首次兰亭雅集,谢安、孙绰等知名人士全都来参加了,会上大家作诗37首。王羲之兴奋之下创作了著名的《兰亭集序》,里面记载了诗词集会的地点,"于会稽山阴之兰亭",其中"山阴"是绍兴的古县名,因位于会稽山之北而得名。

兰亭雅集的举办,得到了后世文人的积极响应和传承。从南北朝开始直到近现代,每隔一段时间,就有一些文人相聚在兰亭举办兰亭雅集,形成了一道独特的传统文化景观。这么看来,把兰亭称为"文"兰亭,可谓名副其实。

除了王羲之,兰亭还与著名的越王勾践有关呢,这是怎么一回事呢?在古代,

《兰亭集序》部分内容

兰亭这一带既有崇山峻岭,又有急湍清流。相传在春秋时期,越王勾践为了麻痹吴王夫差,让他相信自己不再有复国的企图,便在这里的小溪旁开垦滩地种植兰花。到了汉代,这里设置了驿亭,于是就有了"兰亭"这个名称,一直沿用到现在。如今,这里还是一处著名的旅游景区——兰亭景区呢。

兰亭景区

知识加油站

历史上实现互换的地名

前面我们曾提到"武昌"这个地名,极其令人惊讶的是,今天的武昌与另一个地名鄂州在历史上实现了奇迹般的互换,也就是说,武昌的曾用名为鄂州,而鄂州的曾用名为武昌,是不是很奇妙?

鄂州，古称鄂国，战国时为楚国鄂邑，秦朝设鄂县。三国时期，孙权迁都鄂县，取"以武而昌"之义，将鄂县改名为武昌县。1913年，武昌县改名为寿昌县。1914年，寿昌县改名为鄂城县。1983年，撤销鄂城县，成立鄂州市。

我们再来说说武昌，武昌现在是湖北省武汉市的一个区。三国时，孙权迁都鄂县后，在今武昌设夏口城。南朝宋设郢州。隋朝改郢州为鄂州。在唐朝中期，鄂州设武昌军节度使。元朝大德五年（1301），鄂州路改为武昌路，从此"武昌"这个地名就沿用下来了。

随着朝代的更替，地名的更迭是在所难免的，但像武昌和鄂州这样，随着历史的变迁互换了名字，却是十分少见的。

白帝城托孤

白帝城风光

小学的语文课上,我们学过李白脍炙人口的名篇——《早发白帝城》,"朝辞白帝彩云间,千里江陵一日还。两岸猿声啼不住,轻舟已过万重山"。这里出现了地名"白帝城",白帝城在今天重庆市奉节县的白帝山上。

白帝城的名称是怎么来的呢?据说在西汉末年,割据一方的公孙述在山上筑城,听说城中有一口

白帝城景区

井,常常冒出"白气",就像白龙一样,于是自称"白帝",城池就叫"白帝城"了。

广为流传的历史故事

白帝城除了在李白的名篇中出现过,它在小说《三国演义》中也出现过,相信很多同学都听说过"白帝城托孤"的故事。

东汉建安二十四年(219),刘备在诸葛亮的辅佐下,在汉中之战中击败曹操,占据了战略要地汉中。但是好景不长,刘备的部将关羽孤军在荆州,遭到孙吴将领吕蒙的袭击,吕蒙把军队装扮成普通老百姓的商队,趁机夺取荆州,最后关羽败走麦城(位于今湖北省当阳市），遭到杀害。为了给关羽报仇，刘备不顾诸葛亮等人的劝阻，执意亲自带兵讨伐孙吴，结果吃了败仗，被陆逊一路追杀，不得不退守到白帝城。

刘备又急又气，到达白帝城后就一病不起了，而且病得越来越严重。刘备想，自己可能没有多少时日了，赶紧派人去成都请诸葛亮，打算交代后事。诸葛亮得知后，立刻带着刘备的两个儿子——刘永和刘理赶到了白帝城，太子刘禅（刘备的长子阿斗）则留守成都。

见到刘备病情严重、骨瘦如柴的样子，诸葛亮眼泪都要流出来了，他连忙跪倒在刘备床前。刘备愧疚地对诸葛亮说："我因为有丞相辅佐，才成就了今天的帝业，都怪我当初没有听丞相的话，一意孤行，亲自出兵孙吴，造成了今日的后果，我非常后悔。现在，我时日不多了，太子年纪尚小，希望丞相能担起重任，帮忙照应他。如果你觉得阿斗是个当帝王的料，你就辅佐他；如果他实在不成器，你就

白帝城景区的诸葛亮雕像

白帝城托孤群雕像

取而代之。"说完,刘备已经泪流满面。诸葛亮哭着说:"您放心,我一定全心全意去辅佐太子,直到死那一刻。"

这就是白帝城托孤的故事。白帝城也因这段广为流传的故事而闻名于世。现在,白帝城是国家著名的旅游景区。2006年,白帝城还被国务院公布为第六批全国重点文物保护单位。

赔了夫人又折兵

白帝城托孤的故事起因是蜀汉与孙吴之间的战争。其实,在《三国演义》中还有另外一个有趣的故事——赔了夫人又折兵,这个故事发生在白帝城托孤之前,和荆州这个地方有关。

原本荆州的部分地方属于孙吴,赤壁之战后,刘备为了休养生息,就向孙吴借走了这些地方。这本来是孙吴的地方呀,刘备用完之后,孙权当然是要收回的,没想到刘备却以各种理由推托,就是不肯归还。孙吴的周瑜只好想了一个计策,他假意让孙权把自己的妹妹嫁给刘备,等刘备来完婚时就把他扣下当人质,条件是用荆州来换取刘备。

然而,这个计策被足智多谋的诸葛亮识破了,便将计就计,派大将赵云陪刘备前往孙吴。刘备依照诸葛亮的计谋,博取了孙权母亲吴国太的欢心,吴国太开心地将女儿嫁给了刘备。假结婚弄成了真婚姻,周瑜的计策落空了。接着,诸葛亮又设计帮助刘备和孙夫人成功逃回了荆州。这孙吴不但没能要回荆州,还将孙权的妹妹嫁给了刘备做夫人,弄得孙吴"赔了夫人又折兵"。

"赔了夫人又折兵"后来也成了现实生活中常用的一则成语,用来比喻本来想占便宜,结果不但没占到,反而遭受加倍损失。你学会了吗?

知识加油站

不饮盗泉

在今天的山东省泗水县,有一眼泉水,据说古代曾被盗贼占用过,因此得名"盗泉"。古籍中记载,孔子和曾子都曾因为泉水的恶名而不饮其水。由此可见,地名对于人们心理的影响,而"不饮盗泉"也成为一则成语,比喻为人处世清高,有骨气。

孔子

阅读小贴士

扶不起的阿斗

我们知道,白帝城托孤中的"孤"是刘禅,小名阿斗。刘备去世后,十七岁的刘禅继位。然而,刘禅整天就知道吃喝玩乐,根本不理朝政,国家的大事小事都靠诸葛亮处理。诸葛亮病逝后,刘禅没有办法守住国家,最终蜀汉政权走向了灭亡。刘禅能力不足,即使有诸葛亮这样的名臣辅佐也无济于事,最后落下了"扶不起的阿斗"这样的千古笑柄。

礼敬关帝庙

小学《语文》六年级下册第六单元的"阅读材料"中,有一篇文章是《老师领进门》,里面提到了作者小学时读书的地方:"这个小学坐落在关帝庙的后殿……"这里提到的关帝庙,原本在北京市通州区东南部的供给店村,虽然现在已经片瓦无存,但关帝庙背后的故事还是很有意思的,我们不妨一起来了解一下。

忠肝义胆的关公

关帝庙是人们为了纪念名将关羽而建的庙宇,在全国有很多处。大家想一想,关羽没有做过皇帝,只是将军,为什么人们

会建那么多关帝庙祭拜他呢?

　　关羽,字云长,也被称为关公,在中国历史上是英雄,是义士。关公之所以能从"义勇倾三国"的蜀汉将军,到"万古祠堂遍九州"的神像,是中国历史上社会各界对他不断美化的结果。宋元时期,是关公被美化的开端;明清时期,则是关公被美化到极致的时期。关公生前被曹操封为"汉寿亭侯",这个封号看上去并不出众吧?没想到此后的历史中,人们不断给关公"加封",到了清朝光绪年间,关公的封号变成了"忠义神武灵佑仁勇威显护国保民精诚绥(suí)靖翊(yì)赞宣德关圣大帝",封号竟然长达26个字!关公的封号从"侯"到"关圣大帝",可谓荣宠非凡。

全国各地的关帝庙

在漫长的历史进程中，上至帝王将相，下至平民百姓，从舞文弄墨的文人学子、挥枪弄棒的草莽义士，到勾栏瓦舍中的说书艺人，所有人都加入了美化关公的队伍。于是，生活在汉末三国的关公，在后世渐渐地超凡脱俗、青云直上，从一位充满悲壮色彩的人间英雄，变成了万民礼敬的"偶像"。

桃园三结义

对于关公你都有哪些了解呢？又是从哪里知道的呢？如果你读过《三国演义》，那你肯定知道许多关公的故事。在《三国演义》中，作者罗贯中把关公塑造成了忠、义、信、勇的英雄，随着《三国演义》的广泛传播，关公更是家喻户晓。其中，大家比较熟悉的应该是"桃园三结义"这个故事了。

关公雕像

故事的主角是刘备、关羽、张飞三人。东汉末年，天下大乱，朝政腐败，为了平定叛乱，官府张贴告示招募民间的勇士。刘备、关羽、张飞都看到了这个告示，他们三人都有拯救天下苍生、想干一番事业的雄心。相见恨晚的三个人立马决定结拜成为兄弟。

这三人还挺"浪漫"，他们把结拜的地点选在了张飞家后面的桃园中。这里桃花盛开，景色秀丽，三人准备了酒，还焚香宣誓，从此结为异姓兄弟。"桃园三结义"就这样成为流传后世的美谈，而他们三人在后半生也真的成了生死相依的好兄弟，为"同心协力，拯救国家"的誓言而努力着。

最知名的三大关帝庙

人们为关羽所建造的庙宇，除了关帝庙，还有许多其他的名称，比如关羽庙、关公庙、关公祠、云长庙、云长祠、关将军庙、汉寿亭侯庙等。这些名称有的是关羽的姓名，有的是字号，有的是封号。此外，还有和"桃园三结义"中的刘备、张飞合称的三义庙等。

最早建造的关帝庙位于山西省运城市盐湖区解州镇，距今已经有1400多年的历史了，是目前规模最大、建制最高、保存最完整的关帝庙。到了明朝，全国每个县都建有关帝庙。

现在，湖北省当阳市还有一处埋葬着关羽身躯的陵墓，叫

解州关帝庙中的结义园

关陵

"关陵",也叫"大王冢"。专家研究发现,这里最初仅是一处土冢,建于东汉末年,到了明朝成化三年(1467)开始建庙,直到嘉靖十五年(1536)才竣工。从此以后,这里就被称为"关陵"。

第三座纪念关羽的知名庙宇是清朝时修建的"关林",关林位于河南省洛阳市。你注意到了吗?这处庙宇叫"关林",为什么和前面提到的名称都不同呢?在这里,先给大家讲一个历史故事。在建安二十四年(219),关羽败走麦城,被孙权杀害。孙权把他的首级献给曹操,曹操敬慕关羽的为人,将

其首级厚葬在洛阳。

在古代,皇帝的墓称"陵",王侯的墓称"冢",百姓的墓称"坟",只有圣人的墓才称"林"。埋葬孔子的地方就叫"孔林",关羽曾被封为"武圣",因此埋葬关羽的地方叫"关林"就不足为奇了。

关林中的关羽像

运城市的关帝庙、当阳市的关陵和洛阳市的关林,被并称为"中国三大关帝庙"。

"县县有文庙,村村有武庙。"这句话有些夸张,但也说明了中国古代社会普遍尊崇孔子和关公的盛况,同时也说明武庙的数量比文庙还要多。因此,若要问中国什么庙最多,关帝庙当之无愧。关公忠心、忠诚、忠义的浩然气节和被后世美化的那些优秀品质,都是我们中华民族的传统美德。

> **知识加油站**
>
> ## 一代圣贤王阳明
>
> 王阳明,名守仁,号阳明,是明朝著名的思想家、教育家、文学家和军事家。在十多岁时,有一天,王阳明请教老师:"您觉得什么是天下第一等事呢?"老师回答:"读书,考取功名。"王阳明心生疑惑,当即说道:"我认为读书明理,成为圣贤,方为第一等事。"王阳明是这么说的,也是这么做的。最终,他成为一代圣贤。这位圣贤为后世"贡献"了许多地名,如贵州省修文县的阳明洞,贵州省贵阳市的阳明祠,浙江省、江西省的阳明路,台湾省台北市的阳明山等。

詹天佑与京张铁路

在小学六年级语文课上,我们学了《詹天佑》一文,里面提到了詹天佑作为总工程师修建京张铁路的故事。

詹天佑是个什么样的人呢?他是我国杰出的爱国工程师,是铁路工程专家。他从小就对西方传入中国的一些机器、机械产品有着浓厚的兴趣,喜欢收集各种机器零件,并对它们进行拼装、拆卸。在12岁时,他到美国留学。1878年,他考入耶鲁大学土木工程系,主修铁路工程专业。

毕业回国后,他先后参与修建多条重要铁路。1905年,清政府任命詹天佑为总工程师,让他主持修建从北京到张家口的铁路。1909年,在他的主持下,京张铁路终于建成通车,这也是我国第一条完全由中国自己的工程技术人员设计施工的铁路干线,是我们中国人的骄傲!从此,詹天佑名扬中外,被人们称赞是"中国铁路之父""中国近代工程之父"。

詹天佑雕像

"人"字形线路

京张铁路和詹天佑为何得到了如此高的赞誉呢?这条铁路的起点站是北京丰台(丰台是"金中都丰宜门外拜效台"的简称),终点站是张家口,沿线经过居庸关、青龙桥、八达岭、沙城、宣化等地,全长约200千米,路线经过的地方大部分都是高山、悬崖峭壁,因此在技术上有很大的挑战性,修建起来非常困难。但詹天佑并不害怕,他采取一系列创造性措施解决了无数难题。

例如,为了让火车能爬上青龙桥附近的陡坡,詹天佑设计了一种"人"字形线路,同时设计出前后两边都有火车头的列车。北上的列车到达南口(京张铁路站点之一)时,就用两个火车头,一个在前边拉,一个在后边推。列车过了"人"字形线路的岔道口后,就会倒过来。这时,原先在前边拉的火车头改成在后边推,原先在后面推的火车头改成在前边拉,让列车向西北方向前进。这样一来,列车上陡坡就比较容易了。

直到现在,"人"字形线路还在使用呢!北京市郊铁路S2号线就会经过"人"字形线路。如果有机会,你也去乘车感受一下吧。

京张铁路途经的主要地点,如居庸关、青龙桥、八达岭,也都是著名的旅游景点。它们背后又有哪些故事呢?

"人"字形线路

天下第一雄关——居庸关

居庸关是明长城的重要关口之一,位于北京市昌平区西北部。那"居庸关"的名字是怎么来的呢?有一种说法,传说秦始皇在修筑长城时,曾"徙居庸徒于此",意思是苦役、囚犯曾经被强征迁居到这里,这里就叫"居庸关"了。居庸关的地形

居庸关

第二章 历史地名 109

极为险要，有"天下第一雄关"之称。关口两旁山势雄奇，中间有长达18千米的溪谷，俗称"关沟"。山上更是清流萦绕，翠峰重叠，花木郁茂，景色宜人，是旧时"燕京八景"之一——居庸叠翠。

百年老站——青龙桥站

青龙桥因京张铁路上的"青龙桥站"而广为人知,这里有詹天佑设计的"人"字形线路。青龙桥站距今已经有100多年的历史了,是目前保存最完整的一座百年老站。

青龙桥站

"火车迷"中流传着这么一句话:"没到过青龙桥,算不上真正的火车迷。"为了纪念詹天佑的功绩,青龙桥站旁竖立着一尊詹天佑的全身铜像。2009年,这里还被北京市确定为首个工业遗产。现在,青龙桥站可是不少游客的打卡地呢!

居庸关前哨——八达岭

八达岭是明长城的重要关口之一,位于北京市延庆区南部,海拔有1015米。八达岭在古代曾是军事要塞,也是居庸关的重要前哨,古时有"居庸之险不在关,而在八达岭"的说法,可见其地势十分险要。

八达岭长城是明长城中保存最好、最具代表性的一段,现在,八达岭长城是全国重点风景名胜区,你去过吗?

八达岭长城

知识加油站

天下雄关

"关"指的是在险要地方或交通要道设立的守卫处所,多为兵家必争之地,如我们前面提到的居庸关。

李白在《蜀道难》这首诗中写道:"一夫当关,万夫莫开。"其中的"关"指的是四川省的剑门关,说明其地势的险峻。陕西省的"关中",因为东面是函谷关,西面是散关,南面是武关,北面是萧关,所以得名。明朝修建的万里长城,东起山海关,西至嘉峪关,沿线雄关众多,除了居庸关,还有黄崖关、紫荆关、倒马关、平型关、偏头关、雁门关、娘子关等。毛泽东同志在1935年创作了《忆秦娥·娄山关》,其中有"雄关漫道真如铁,而今迈步从头越"这样豪迈的名句,描写的就是雄关娄山关的险要,以及夺取娄山关的艰辛不易。

雄关娄山关

第三章

天下名山

五岳独尊——泰山

在小学《语文》课本中,多处提到了"泰山"。如《语文》四年级下册中《挑山工》一文,讲的是泰山的挑山工;《语文》五年级上册中《牛郎织女》一文,说到王母娘娘"发誓要把织女捉回来,哪怕织女藏在泰山底下的石缝里";《语文》六年级下册中《为人民服务》一文,评价张思德同志的死"是比泰山还要重的"。

和"泰山"有关的成语有"人心齐,泰山移""泰山压顶"等,你还知道哪些呢?

天下第一山是最高的山吗

泰山位于今天山东省中部,也叫"岱(dài)山""岱宗",是中华五岳中的"东岳"。五岳是什么呢?这是中国五大名山的总称,除了东岳泰山,还有西岳华山、南岳衡山、北岳恒山、中岳嵩山。

泰山向来被誉为"五岳之首""天下第一山"。它的主峰玉皇顶海拔足足有1532.7米,这里的山势磅礴雄伟,峰峦突兀峻拔,景色壮丽,名胜古迹众多,有王母池、斗母宫、黑龙潭、中天

泰山风光

门、南天门……每一处景色都令人流连忘返。传说汉武帝曾赞美泰山:"高矣、极矣、大矣、特矣、壮矣、赫矣、骇矣、惑矣!"这"八矣"赞语真是形象地描绘出了泰山高大雄伟、拔地通天的磅礴气势!

你知道泰山为什么被称为"天下第一山"吗?它并不是世界上海拔最高的山呀。这可能与泰山深厚的文化底蕴有关。自古以来,人们就崇拜泰山。早在远古时代,泰山就成为东方文化的重要发祥地了。泰山还一直被视为社稷稳定、政权巩固、国家昌盛、民族团结的象征,因此有"泰山安则四海皆安"的说法。

犹记得在《中国地名大会》第一季第九期节目播出时,有一段围绕泰山的解说词是这样的:

  作为大哥,被仰视的不需要是身高。十八盘举目,一生曲曲折折;南天门回首,无非过眼云烟。封禅大典,我给了他们无上的荣耀,但未必改写那些轻如鸿毛的人生。我是你家的镇宅大石,也是让你胆战心惊的老丈杆子。玉皇之顶,五岳独尊。我是泰山,参透这名字的深意,长子的使命就是我的答案。

这里的"大哥""长子",无疑已经点明了"天下第一山"的地位。

帝王的封禅大典

古人认为，东方是万物交替、初春发生的地方，所以送给东岳泰山"五岳之长"的美誉。泰山的另外一个名字是岱宗，这"宗"也是老大、长者的意思，所以泰山又号称"五岳独尊"。既是"五岳之长"，又是"五岳独尊"，因此，古代那些取得政权、成功改朝换代的帝王都会到泰山祭祀，向天下宣告自己成为新一代的帝王啦！自以为有丰功伟绩的帝王，还会举行封禅大典，"封"就是到泰山祭天，"禅"是在泰山下的梁父山祭地。帝王在泰山、梁父山举行的这种祭天祭地的仪式，一方面是为了告诉上天，现在已经改朝换代，我是皇帝啦；另一方面是为了祈求上天的庇佑与赐福，以保江山社稷的稳定。

泰山"五岳独尊"石刻

现在，如果你努力爬到泰山的最高峰玉皇顶，就会看到那里的玉皇庙正殿前竖立着一块高大的石碑，上面刻着"古登封台"四个字，传说这里就是历代帝王的封祀台。当然，泰山还有许多景点都因封禅大典而得名，如五大夫松、回马岭等。

"五大夫松"究竟有几棵松树

提到"五大夫松"，这背后还有一个有趣的故事呢。在讲故事之前，你先来猜一猜，"五大夫松"指的是五棵松树吗？

司马迁的《史记》中写道，秦始皇到泰山封禅时，中途遇上了大雨。在危急时刻，秦始皇突然发现旁边有一棵大松树，于

五大夫松景点

是就跑到树下避雨。这棵树护驾有功呀,就被秦始皇封了"五大夫"的爵位。这棵大松树的名字就成了"五大夫松"。后来,不少不明真相的人误以为这里真有五棵松树呢!

不过,原树早就被雷电等损毁了。清朝雍正年间,这里又补种了五棵松树,现在仅存两棵。松树旁建有五松亭。

五松亭

泰山也指岳父

仔细的小读者可能还记得,前面的解说词中我们提到泰山是"老丈杆子",这说法太新鲜了,"老丈杆子"指的是什么呢?竟是"老丈人""岳父"的意思。

在唐朝开元十三年(725),唐玄宗封禅泰山,任命大臣张说为封禅使。张说一看自己有了点儿小权力,赶紧把自己的女婿郑镒从九品官提拔成了五品官。唐玄宗发现郑镒官阶升得这么快,便追问他有何功劳,郑镒无言以对,非常尴尬。在场的一位大臣心想，我和张说关系还可以，要不帮忙说句话？他找到机会打圆场："此泰山之力也。"从此，人们便称岳父为"泰山"了，而泰山上的丈人峰也因此得名。

丈人峰

五岳各山名称的由来

知识加油站

我们在前面已经知道五岳是哪五座山了，那它们各自的名称又是怎么来的呢？

泰山又称太山，即大山的意思；衡山南北延伸，好像一杆秤要保持两头平衡，因此叫衡山；华山的"华"字与"花"字相通，原来是山形像一朵凌空怒放的莲花,这才有了华山这个名字;恒山因山势为横向,"横""恒"相谐,故名;嵩山则得名于"山大而高"。

人们常说,"五岳归来不看山",这是为什么呢?因为五岳各有独具的自然风光与人文魅力,也就是常言称道的泰山天下雄、衡山天下秀、华山天下险、恒山天下幽、嵩山天下峻。

阅读小贴士

华山

华山有五峰耸立,其中主峰落雁峰(南峰)最高,海拔有2154.9米。人们说华山是"奇险天下第一山""自古华山一条路",可见它的险峻。不过,这里虽然山路崎岖,却有许多处风景名胜,如玉泉院、桃林坪、玉女祠、全真崖等,游客因此而络绎不绝。

黄山归来不看岳

现在我们已经了解了久负盛名的"五岳",知道了"五岳归来不看山"的说法。然而你知道吗,让"五岳"有些"郁闷"的是,这个说法的后面还有一句呢,那就是"黄山归来不看岳"。这两句话合在一起意思是,去过五岳之后,就不想再看其他的山了;而去过黄山之后,发现五岳也不过如此。据说这是明朝的地理学家徐霞客说的。

徐霞客真的说过这句话吗?学者们经过一番考证,结果让人"大跌眼镜"。原来,徐霞客游览过黄山后,曾对人说过"登黄山,天下无山,观止矣"之类的话。清朝的学者桑调元写过一副对联:"六经读彻方持笔,五岳归来不看山。"于是后人就把两个人的话提炼,概括出了"五岳归来不看山,黄山归来不看岳"这样的俗语,将其视为黄山的金牌广告词。从这件事,我们得到了哪些启发呢?首先,凡事都要追根究底,不要人云亦云,这样才能收获自主学习的乐趣!其次,"人民群众的眼睛是雪亮的",泰山之雄伟、衡山之烟云、华山之险峻、庐山之飞瀑、雁荡山之巧石、峨眉山之清凉等等,黄山的确是兼而有之。

徐霞客画像

黄山是黄色的吗

黄山原名黟(yī)山,因山色为青黑色而得名,位于今安徽省黄山市。"黟"这个字许多人都不认识,"黟"的意思与"黑"有关。东汉许慎的《说文解字》就指出:"黟,黑木也。"在黄山市还有一个黟县,唐朝李吉甫的《元和郡县图

黄山风光

志》中解释:"县南有墨岭,出墨石。又昔贡柿心木(一种优质黑木),县由此得名。"简而言之,黟县得名于当地的特产墨石、黑木,黟山又因黟县而得名。

　　黟山在唐朝时改名为黄山。那么,黟山因何而改名的呢?历来众说纷纭,其中有一种大多数人比较能接受的说法,即和黄帝有关。黄帝你应该知道吧? 他是我国古史传说中的五帝之首,是中原各族的共同祖先。据说在上古时代,黄帝听说人吃了炼制的仙丹后,可以修炼成为神仙,能长生不老,于是就打算去寻找一块宝地来修炼成仙。有一天,黄帝来到了黟山,发现这里山高林茂、景色优美,宛若仙境,便决定留在这里炼丹。从此以后,黄帝就在黟山修身养性、潜心炼丹,最终修炼成仙。过了几千年,唐玄宗听说了黄帝在黟山修炼成仙的故事后,便下令将黟山改为黄山。如今,黄山的许多风景名胜,如轩辕峰、炼丹台、黄帝坑、洗药溪、药臼、丹井等,也都因此得名。

炼丹台

怎一个"奇"字了得

　　黄山作为中国著名的山脉之一,风景秀丽。有三大主峰,分别是莲花峰,海拔1864.8米;光明顶,海拔1841米;天都峰,海拔1810米。这里以奇松、怪石、云海、温泉著名,并称"黄山四绝"。另外,黄山还是研究第四纪地质学的重要基点,我国著名的地质学家李四光在黄山考察发现的冰川遗迹,至今仍然隐约可见。历代来此游览、赋诗、作文、绘画的名人雅士,也是不计其数。神奇的自然、璀璨的人文,凡此种种使得徐霞客发出了"薄海内外,无如徽之黄山"的赞叹。陈毅元帅也曾把黄山誉为"天下第一山"。

　　在小学《语文》二年级上册中有《黄山奇石》这篇课文,里面介绍了黄山的各种奇石,如仙桃石、猴子观海、仙人指路、金鸡叫天都、天狗望月、狮子抢球、仙女弹琴,此外还

黄山奇松

黄山仙桃石

黄山鲫鱼背

有梦笔生花、龙头石、醉石等,都是根据其形状命名的,饶有情趣。在小学《语文》四年级上册中有《爬天都峰》这篇课文。天都峰,古称"群仙所都",意为"天上都会",故取名"天都峰"。欲登此峰,需经过极为险峭的鲫鱼背。鲫鱼背长10余米,宽仅1米,两侧是悬崖,其形状好似露出水面的鲫鱼之背,故名。登上天都峰,你会发现峰顶平如手掌,上面有"登峰造极"的石刻,中间有可容纳百人的天然石室,室外有个石头,好像醉汉斜卧,名为"仙人把洞门"。在峰顶远眺,你会看到云山相接、千峰竞秀的景象,那种历尽艰辛后的豪迈,"任他五岳归来客,一见天都也叫奇"的感慨,真是油然而生!

黄山猴子观海

知识加油站

山的名字

因为山的形状千姿百态,所以山的名字也是五花八门。山形高大者为岳,石峰高峻者为岩,山边陡立者为崖,不高的山或高起的土坡为岗,山头高而尖者为峰,山顶平缓、四周陡峭者为崮(gù)……说起"崮","沂蒙七十二崮"大名鼎鼎,其中的"孟良崮",传说是因为北宋抗辽名将孟良曾在此驻兵而得名。另外,此地更因解放战争时期的孟良崮战役而闻名。

庐山天下悠

庐山,又名匡(kuāng)山、匡庐。那它的名称是怎么来的呢?目前有不少说法,其中有一种流传较广。传说在商周之际,有一个名叫匡俗的人来到庐山学道修仙。后来,匡俗学道修仙的事被周天子知道了,周天子就想请他出山辅佐自己。这个匡俗很有个性,天子来请,也屡次回避。最后,这个匡俗消失得无影无踪,只留下了修仙的一栋空庐。后来,人们将匡俗修仙的地方美化为"神仙之庐",于是这座山就被称为庐山、匡山或匡庐了。

庐山位于今江西省九江市,山光水色俱佳。唐朝诗人白居易称赞它:"匡庐奇秀,甲天下山。"毛泽东在《七律·登庐山》

中说："一山飞峙大江边,跃上葱茏四百旋。"后来,这里还赢得了"庐山天下悠"的赞誉。

悠久的历史文化

庐山有悠久的历史文化。据说大禹疏通九江、秦始皇南巡时都曾登过庐山。千百年来,这里是中国佛教中心之一,这里有三大名寺(西林寺、东林寺、大林寺)、五大丛林(海会寺、秀峰寺、万杉寺、栖贤寺、归宗寺),李白、白居易、杜甫、苏轼等都曾来这里赋诗吟词。你想象得到吗?历代关于庐山的诗词有1.6万多首,真是蔚为大观!

庐山西林寺

我们的小学《语文》课本中就有很多描写庐山的诗词。"飞流直下三千尺,疑是银河落九天"这句你肯定最熟悉,它是李白《望庐山瀑布》中的名句,出现在小学《语文》二年级上册中,诗句形象生动地描绘了庐山瀑布的磅礴气势。除了这句,还有一处名句,"不识庐山真面目,只缘身在此山中",这是苏轼《题西林壁》中的经典诗句,出现在《语文》四年级上册中,你还记得其中蕴含的道理吗?

迷人的自然之美

庐山还有迷人的自然之美。这里雄、奇、险、秀,山中群峰林立,飞瀑流泉,树木葱茏,云海弥漫。这里常年云雾缭绕,一年中有雾的日子将近200天。这样的环境滋养了庐山的特

庐山龙首崖

产——庐山云雾茶。

云雾茶条索粗壮、青翠多毫、汤色明亮、叶嫩匀齐、香凛持久、醇厚味甘，号称"六绝"。你可以想象一下，在庐山的云遮雾绕中，慢斟细饮着用清泉沏泡的云雾茶，该是多么惬意啊！

庐山的主峰是汉阳峰，海拔1474米。由于山上云雾缥缈，庐山的夏季非常凉爽宜人，7月的平均气温为22.6℃，是一处避暑胜地。另外，庐山多见险绝胜景，如仙人洞石松横空，五老峰山姿奇特，龙首崖苍龙昂首。

这里的瀑布同样名传天下，如三叠泉瀑布，被誉为"天下第一奇观"，总落差达155米，有"不到三叠泉，不算庐山客"之

庐山五老峰

庐山三叠泉瀑布

称。又如香炉瀑布,前面我们提到的李白的《望庐山瀑布》,描写的就是它。

这样的庐山,真可谓神奇胜境。那我们普通游客应该怎样感悟这样的神奇呢?你不妨到庐山北麓的西林寺一游。西林寺建于东晋时期,诗人苏轼来此游玩时,看到墙壁上有很多前人题的诗,顿时兴起,于是写下了著名的诗篇《题西林壁》。此诗极具哲理，告诉我们，当置身于复杂的环境中时，往往旁观者清，当局者迷，要想获得全面的认识，就要站在局内外，从不同的视角来考察和看待事物，否则，怎能识得"庐山"真面目呢？联系我们平时的学习，其实也是这样的。

西林寺中后人刻立苏轼诗的影壁

"诗山"敬亭

知识加油站

位于安徽省宣城市城北的敬亭山也是一座吸引了众多诗人留下诗作的中华名山。敬亭山

第三章 天下名山

原来称昭亭山，后来因为与晋朝追封的皇帝司马昭重名了，于是改"昭"为"敬"，从此就叫敬亭山了。南朝诗人谢朓(tiǎo)为它创作古诗《游敬亭山》，写出了敬亭山高且幽的特点；唐朝"诗仙"李白写了古诗《独坐敬亭山》(小学《语文》四年级下册)，"众鸟高飞尽，孤云独去闲。相看两不厌，只有敬亭山"。因为高，才有云；因为有云，才显出高。敬亭山自谢朓、李白相继赋诗后名扬天下。

敬亭山景区

"袖珍"钟山魅力大

在小学《语文》六年级下册中有一首诗叫《泊船瓜洲》,这是北宋文学家王安石的作品。

京口瓜洲一水间,
钟山只隔数重山。
春风又绿江南岸,
明月何时照我还。

诗中一口气提到了好几个地名,其中"京口"是今江苏省镇江市的旧称,"瓜洲"在今江苏省扬州市,"钟山"位于今江苏省南京市。这样一首抒情诗,抒发的是诗人思念家乡的深切情感。

王安石曾在全国推行变法运动,想建立一套以"理财、整军"为中心,用于治国的新法,然而变法进行得并不顺利,王安石也因此多次辞官或被贬官,在钟山过上了隐居的生活。1075年,皇帝又起用他,召他进京。他在乘船路过瓜洲的时候创作了这首诗,既表达了他能够再度推行变法的喜悦之意,也展现出他对钟山浓浓的思念之情。

频繁改名的钟山

钟山东西长约7000米,南北宽约3000米,山形略呈弧形,由三座东西并列的山峰组成。它的主峰海拔448米,东峰海拔350米,西峰海拔只有250米,这要是拿来和泰山、黄山、庐山

钟山

等相比，无论是体量、海拔、面积，钟山都只能算是一座"袖珍"小山了，但这并不影响它的人文魅力。

你知道吗？钟山的名称曾经有好几个，古称钟山，三国时改名为蒋山，东晋时开始称紫金山。称紫金山是因为山上有很多紫红色的砂页岩，在阳光照映下会呈现紫金色的光芒，故而得名。南朝时，钟山又有北山、圣游山等名称。到了明朝，明太祖朱元璋安葬在这里，钟山于是又被改名为神烈山。现在，它的通用名称一般是钟山或紫金山。

自然与人文的融合

钟山像巨龙般盘伏着，石头山（今清凉山）像猛虎般踞坐着，两座山东西呼应，共同组成了古都南京"虎踞龙盘"的地理形胜。而钟山又毗邻玄武湖，湖与山好似孪生兄妹，建筑大师杨廷宝先生评价，它们之间的比例关系，是全国最好的湖山比例关系。今日的钟山，巍巍群峰，茫茫林海，风景优美，名胜古迹众多，令人流连忘返。

当然，钟山不仅有自然之美，还有人文魅力。它拥有"中华城中人文第一山"的美誉。这里不但有明孝陵、中山陵，紫金山天文台也坐落在这里。

明孝陵被誉为"明清皇家第一陵"，是南京市唯一一处世界文化遗产。中山陵是中国民主革命的伟大先驱孙文先生的

钟山风光

明孝陵

中山陵

陵寝,从空中俯瞰,这里就像一座平卧在绿绒毯上的"自由钟",在建筑史上具有较高的艺术价值,被誉为"中国近代建筑史上第一陵"。

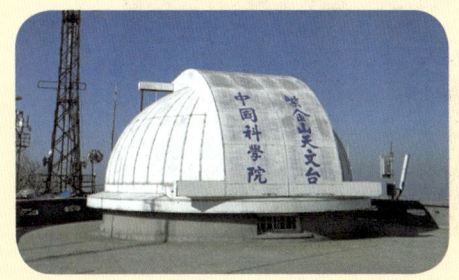

紫金山天文台

紫金山天文台,是中国人自己建立的第一个现代天文学研究机构。它的建成标志着我国现代天文学研究的开始,中国现代天文学的许多分支学科和天文台站大多从这里诞生、组建和拓展。它为我国天文事业的发展做出了突出贡献,被誉为"中国现代天文学的摇篮"。

钟山的人文景观，除了前面提到的，还有很多，如头陀岭、灵谷寺、梅花山、紫霞湖、红楼艺文苑等。如果有一天你到钟山旅游，可以去各个景点游览一番，在欣赏美景的同时，感受这里的人文魅力。

灵谷景区中的灵谷塔

知识加油站

宝贵的地名

我们为什么要了解地名呢？

因为地名不仅仅是一个称号，它的背后有着丰富的文化内涵，是我们宝贵的文化财富。早在1987年，联合国第五届地名标准化会议决议就指出："地名是民族文化遗产。"1992年，联合国第六届地名标准化会议决议强调："地名有重要的文化和历史意义，随意改变地名将造成继承文化和历史传统方面的损失。"2007年,联合国第九届地名标准化大会暨第二十四次联合国地名专家组会议确定:"地名属于非物质文化遗产。"2012年,我国颁布的《全国地名文化遗产保护工作实施方案》中指出:地名"是中华民族悠久历史的见证,是中华文化形成、发展和传承的载体,是宝贵的文化遗产"。我们国家的地名文化,内涵如此丰富,每一位同学都应该争做地名文化的小小宣传员哟!

珠穆朗玛峰的"秘密"

世界第一高峰是哪座山峰呢？就是位于中国和尼泊尔交界处的珠穆朗玛峰。珠穆朗玛峰的北坡在中国青藏高原境内，南坡在尼泊尔境内，它被称为南极、北极以外的地球第三极——高极。在尼泊尔，它被叫作萨迦玛塔。

喜马拉雅山

量量这个"大家伙"的身高

珠穆朗玛峰到底有多高呢？随着地壳变动与测量技术的进步，这个"大家伙"的身高在不断被改写。我国对珠穆朗玛峰的科学测高开始于1966年，1975年7月23日公布的数据为8848.13米，这个数据得到了联合国与世界多国的认可。后来，我国又几次复测珠穆朗玛峰的高度，最新的数据是2020年5月测量得出的8848.86米。

8848.86米

珠穆朗玛峰

这里曾经是海洋

受历史因素影响，珠穆朗玛峰有很长一段时间曾被西方国家叫作埃佛勒斯峰，直到1952年才得以正名，但比起名字的变化，珠穆朗玛峰还有一个更大的"秘密"：在很多很多年以前，珠穆朗玛峰所在的喜马拉雅山地区竟然是一片海洋！

你可能会问，有什么证据可以证明吗？当然有，化石会"说话"，化石就是最直接的证明。1966年，人们在喜马拉雅山地区发现了鱼龙化石，而鱼龙是一种远古海洋生物，说明这一地区曾是一片海洋。曾经的海洋，是如何变成世界最高峰的呢？这竟然是地壳运动施展的神奇"魔法"！

椎体

10厘米

牙齿

下颌

你能看出这是我的牙齿吗？

1米

喜马拉雅山地区鱼龙化石

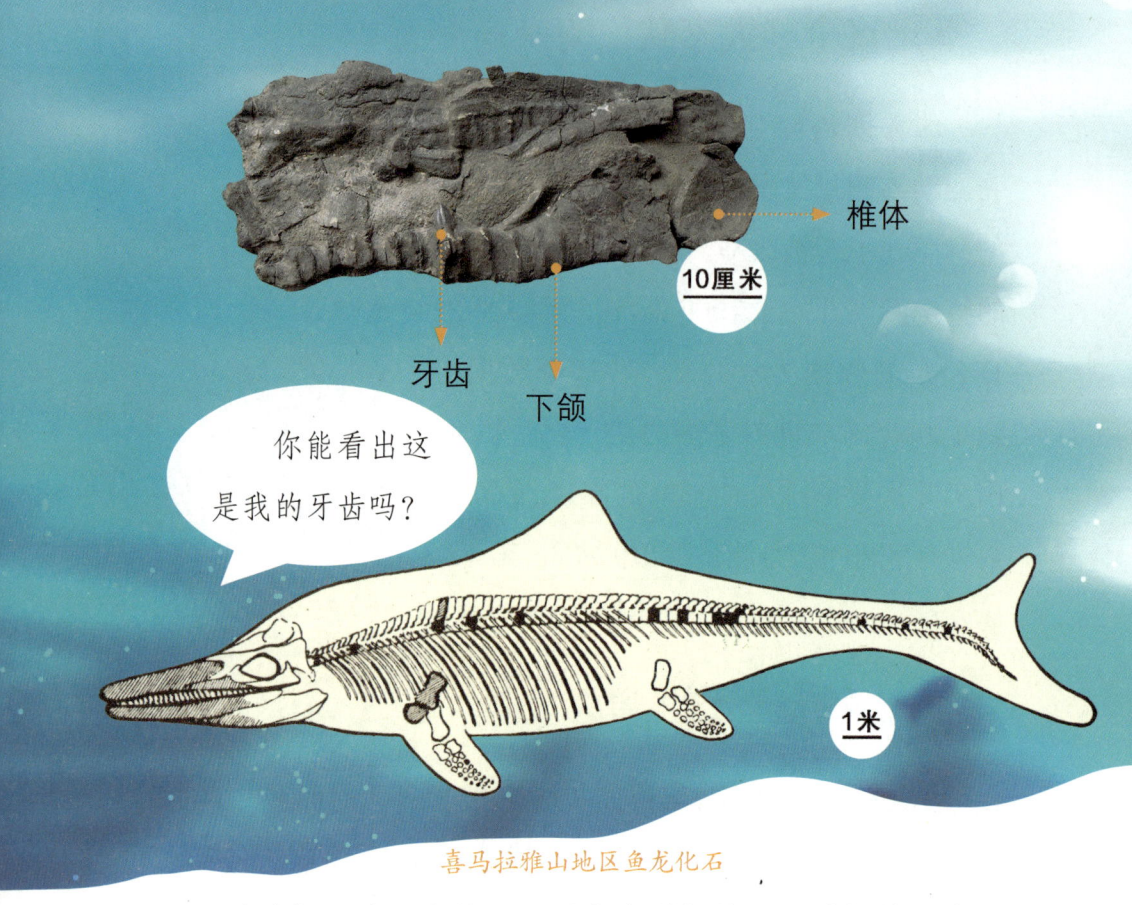

珠穆朗玛峰所在的地区是印度洋板块和亚欧板块的交界地带，在板块之间不断的碰撞和挤压下，地壳慢慢隆起，先是露出了海面，渐渐又形成了险峻的喜马拉雅山脉，珠穆朗玛峰就是其中最高的山峰。现在，印度洋板块"钻"到了亚欧板块下面，板块运动并没有停止，因此，珠穆朗玛峰还会继续"长高"。这个"大家伙"从沧海变成山峰，让我们不得不惊叹大自然的鬼斧神工。

> 我是喜马拉雅山地区的鱼龙，这是我被复原后的样子。

鱼龙复原图

知识加油站

珠穆朗玛峰测高的科学意义

为什么我们要反复测量珠穆朗玛峰的"身高"呢？其实，测量珠穆朗玛峰的海拔高度，除了能知道地球的高极究竟有多高，我们还可以把测量结果应用到很多地方，例如应用于地球动力学、板块运动等领域；通过峰顶的雪深、风速等数据，为冰川监测、生态保护等提供资料。简而言之，珠穆朗玛峰的海拔高度，仿佛一张全球环境变化的"试纸"，在很多方面都发挥着重要的作用。

东西南北，指点名山

说起我国的山，同学们会有怎样的感受呢？没错，一是山多。要知道，我国山区面积约占全部土地面积的三分之二。二是名山多。除了泰山、衡山、嵩山等五大名山，我国还有"五镇"，东镇山东省沂山、西镇陕西省吴山、中镇山西省霍山、南镇浙江省会稽山、北镇辽宁省医巫闾山，"五镇"之外还有佛教的四大名山，即金五台、银普陀、铜峨眉、铁九华，道教的四大名山，即湖北省的武当山、江西省的龙虎山、四川省的青城山、安徽省的齐云山，风光景物，各有千秋。

峨眉山

名山也有"新榜单"

近些年,名山也有了"新榜单"。2005年《中国国家地理》杂志《选美中国》增刊评选了"中国最美的十大名山",其中除了黄山、泰山、峨眉山以外,还有南迦巴瓦峰、贡嘎山、珠穆朗玛峰、梅里雪山、稻城三神山、乔戈里峰、冈仁波齐峰。

这个名山榜单与之前的相比,有些另类,我们一时很难发现它们的共同点。《选美中国》给出解释,之前的中华传统名山,是古典地理学的产物,大多以中东部的山为主;如今在现代地理学的推动下,越来越多位于西部的山和海拔极高的山被人们关注。

翻阅小学《语文》课本,课文中提到的大兴安岭、小兴安岭、天山、点苍山、阴山等,正是这种意义上的中华名山。下面我们就按照东、西、南、北的大致方位,一睹这几座处在中原之外的名山风采吧。

从雅鲁藏布大峡谷入口看南迦巴瓦峰

东看大小兴安岭

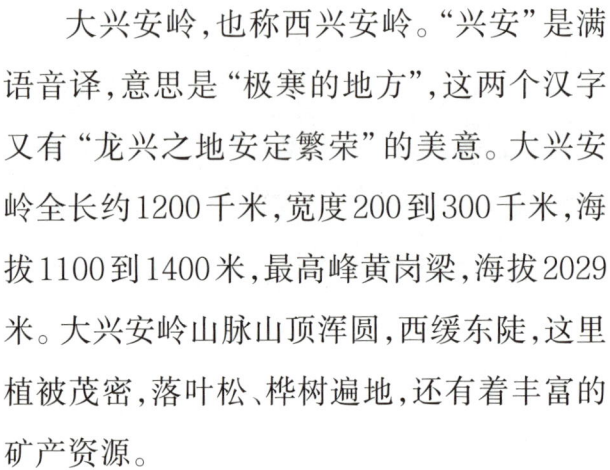

大兴安岭，也称西兴安岭。"兴安"是满语音译，意思是"极寒的地方"，这两个汉字又有"龙兴之地安定繁荣"的美意。大兴安岭全长约1200千米，宽度200到300千米，海拔1100到1400米，最高峰黄岗梁，海拔2029米。大兴安岭山脉山顶浑圆，西缓东陡，这里植被茂密，落叶松、桦树遍地，还有着丰富的矿产资源。

小兴安岭，也称东兴安岭，全长约400千米，海拔600到1000米，最高峰是平顶山，海拔1429米。这里有兴安落叶松、红松、云杉，素有"红松故乡"的美誉。

大兴安岭

小兴安岭

西看天山把新疆"切"成两半

说到新疆的天山，我们还得先说说新疆，你仔细观察过"疆"这个字吗？它的右边是"三横夹两田"，这三"横"从上到下就可以看作阿尔泰山脉、天山山脉和昆仑山山脉。下面我们就来看看中间这一"横"——

天山。

天山气势磅礴，近万条冰川孕育了上百条河流，为新疆地区带来了湖泊、森林、草原等丰富的自然资源，但也把新疆天然分隔成了南疆和北疆，成了难以攀越的"天险"，阻隔了南北疆的经济文化往来。1983年，第一条真正贯通天山的独库公路建成通车，天险化通途，南北疆之间的隔绝状态终于被打破。

如今，越来越多的人选择自驾游览天山，独库公路又获得一个"网红公路"的新身份。这一路上，唐布拉草原的"百里画廊"令人惊艳，巴音布鲁克的"九曲十八弯"让人流连忘返……我们在独库公路上可以欣赏到天山地区的无尽美景。

天山

独库公路

唐布拉草原

五千年中华地名

当然,盘绕在高山峡谷中、穿越过悬崖峭壁的独库公路也向我们充分展现了天山的地势之险。"美"与"险"的较量,让古老又雄伟的天山吸引了无数游客,让纵贯天山的公路,也在不停地讲述着那里"一日游四季,十里不同天"的美丽故事。

巴音布鲁克草原

南看苍山美景多变幻

苍山,也称点苍山、灵鹫山,位于云南省大理市西北,在洱海和漾濞(yàng bì)江之间,南北绵延约50千米。苍山山顶终年积雪,天空的云也喜欢来凑热闹,它们有时如玉带横束山腰,有时又浓如泼墨,变幻多姿,趣味横生。这里还多见悬瀑飞泉,云、雪、峰、溪成了苍山的四大奇观。

苍山远景

北看阴山历史悠久

"敕勒川,阴山下。天似穹庐,笼盖四野。天苍苍,野茫茫。风吹草低见牛羊。"读了这首《敕勒歌》,我们仿佛看到天空像圆顶的帐篷一样笼罩着辽阔的草原,风吹过,成片的牧草伏在大地上,好像在和成群的牛羊捉迷藏。跟随这首北朝民歌,我们来了解一下广袤的阴山山脉。

阴山山脉在今天的内蒙古自治区中部,这里自古就是农业和牧业交错的地带。阴山南坡河流较多,水草丰美,虽然不比江南地区,但农耕文明依然发展到了这里。阴山北坡整体走势相对舒缓,游牧民族在这里骑马奔驰,留下了壮美的诗篇。

阴山

第三章 天下名山

阴山雪景

远古时期，人们会在石崖的壁面、岩石上进行敲凿，留下风格古朴粗犷的图像，被称为岩画。阴山地区的先民就留下了许多这样的珍贵岩画。

阴山岩画内容丰富，题材广泛，既有展现放牧、狩猎、跳舞的人物岩画，也有包含弓箭、车辆等元素的器物岩画，有的岩画通过符号和图画记录了当时的重大活动和事件，为我们了解古人的生活打开了一扇窗。

阴山岩画

第四章

江河湖海

九曲黄河万里沙

在小学《语文》课本里，有5篇课文写到了我们中华民族的母亲河——黄河。

在古代，长江、黄河、淮河、济水是四条不汇入其他河流而直接流入大海的河水，被合称为"四渎（dú）"。今天，对于河流

长江局部

的命名,有一个有趣的现象:南方的河流多被称为"江",而北方的河流则多被称为"河"。那么为什么会有"南江北河"之分呢?这多少与上古时代的"河"专指黄河,"江"专指长江有关。

从"河"到"黄河"

黄河发源于青藏高原的巴颜喀拉山脉,顺着地势自西向东流,注入渤海,全长约5464千米,是我国第二大长河。黄河的正源究竟在哪儿?对于这个问题,目前学术界仍存在争议,主要有卡日曲和约古宗列曲两种说法。卡日曲,在藏语中是"红铜色的河"的意思。约古宗列曲,在藏语中是"炒青稞的锅一样的盆地的河水"之意。当地藏族人民称青海省境内的黄河为"玛曲",意为"孔雀河"。

在古代,"河"专指黄河。最早有关黄河的记载出现在《尚书·禹贡》一书中,书中说:"导河积石。"这里的"河"说的就是黄河。你知道吗?黄河之所以叫"黄河",就是因为它的河水是黄色的。黄河本来是一股清流,可是当它流经土质疏松的黄土高原时,夹带泥沙而下,使河水成了黄色的滚滚浊流,所以才有了"黄河"之称。

"黄河"这一名称最早出现在东汉的《汉书》中。魏晋以后,"黄河"之名被广泛应用,如我们熟知的赞颂女英雄花木兰的《木兰诗》中就有"不闻爷娘唤女声,但闻黄河流水鸣溅溅"。

郦道元的《水经注·河水》中也多次使用黄河一词。在脍炙人口的唐诗中,提到"黄河"的更加比比皆是。比较著名的有"白日依山尽,黄河入海流"(王之涣),"黄河之水天上来,奔流到海不复回"(李白),"黄河中流日影斜,水天一色无津涯"(卢仝),"九曲黄河万里沙,浪淘风簸自天涯"(刘禹锡)等,从这些诗句中我们可以看出,唐朝时,"黄河"这个称呼已经进入寻常百姓家,并一直沿用至今。

咆哮的黄河

　　扎陵湖和鄂陵湖是黄河流域最大的两个湖泊。这对姊妹湖,犹如一对璀璨的明珠,镶嵌在黄河上游,光彩夺目。

　　黄河上游,流经今青海、四川、甘肃、宁夏、内蒙古5个省

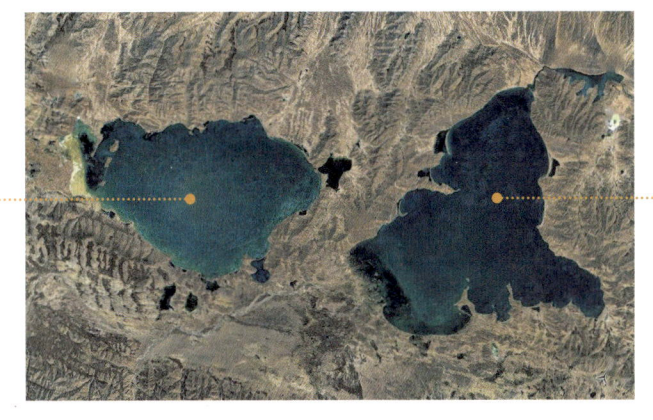

扎陵湖 ←----→ 鄂陵湖

扎陵湖和鄂陵湖

区,其中位于宁夏中部黄河两岸的宁夏平原受黄河灌溉之利,农业发达,经济富足,号称"塞上江南"。

"暴脾气"的母亲河

黄河是一条桀骜不驯的河流,它从内蒙古南下流经黄土高原时,硬是"切"出了一条深深的峡谷——晋陕大峡谷。晋陕大峡谷峭壁对峙,急流、险滩层出不穷,其中最为著名的要数壶口瀑布了。"千里黄河一壶收",黄河奔流至此,四五百米宽的洪流骤然被两岸所束缚,收缩成四五十米宽,巨大的水流从20多米高的陡崖上倾泻而下,如同从巨大无比的壶中倾出,沸腾之势如奔马,滔滔之声若雷鸣,形成"玉关九转一壶收"的壮丽景观。"壶口"之名就是这样得来的。

晋陕大峡谷中的黄河

　　壶口瀑布以下是著名的龙门，这里是黄河水冲出晋陕大峡谷的最后通道。龙门两岸断崖对峙，形状似门，黄河水在中间奔腾，远远望去，仿佛一条巨龙从门内奔腾而出，"龙门"由此得名。

　　你一定还记得大禹治水的故事吧？据说龙门就是大禹治水时所凿的呢，所以龙门又叫禹门口。此外，人们所说的"鲤鱼跳龙门"也是指这里。传说，只要鲤鱼跃过龙门，就能变成真龙。"鲤鱼跳龙门"也就成了激励人奋发图强的代名词。

壶口瀑布

河水一出龙门，进入汾渭盆地，两岸地势突然开阔，河床从壶口的四五十米一下子扩宽到上千米，黄河水奔腾而去，直抵潼关城下。潼关地势险要，两岸都是高山，发洪水时起着壅（yōng）水（水位因水流受阻而升高）的作用，所以从龙门到潼关这一段的黄河，历史上经常出现东西大幅度摆动的现象，这才有了"三十年河东，三十年河西"的说法。

世界上含沙量最大的河

黄河流经黄土高原，那里本来有茂密的森林和郁郁葱葱的野草。然而，由于人类的长期开垦，植被被破坏了，黄土裸露出来，在长期的风吹雨打下，土质变得十分疏松，每当雨季来临，就有大量泥沙被冲进黄河。所以古书上说，一个人用一生的时间也难以等到黄河水变清。东汉时也有"河水重浊，号为一石水而六斗泥"的记录，用现在的计量单位来比较，就是大约1吨的黄河水中含有600千克的泥沙！而当河水到达三门峡时，水中的泥沙含量更是达到了惊人的程度——年均输沙量达到16亿吨！

南宋建炎二年（1128），黄河开始改道南行，侵夺淮河入海的河道，即夺淮入海。黄河此次改道经历了漫长的岁月。

清朝咸丰五年（1855），黄河在河南省兰阳县（今兰考县）的铜瓦厢冲破堤岸，袭夺了大清河河道，经渤海湾入海，形成了今天的黄河下游河道。至此,黄河夺淮入海结束,历时700余年。

知识加油站

知者乐水,仁者乐山

你听过"知者乐水,仁者乐山"这一说法吗?《论语·雍也》中说,"子曰:知者乐水,仁者乐山。知者动,仁者静。知者乐,仁者寿"。这里的"知"就是"智"。孔子这话的意思是说,聪明的人喜爱水,仁义的人喜爱山。聪明的人活跃,仁义的人安静。聪明的人快乐,仁义的人长寿。我们也可以理解为:智者的快乐,就像流水一样,悠然、淡泊;仁者的快乐,就像大山一样,崇高、安宁。

不尽长江滚滚来

在小学《语文》课本里,有多篇课文写到了奔腾的长江。

万里长江是我国第一大河,世界第三大河,它全长6300千米,流域面积180.85万平方千米。千百年来,长江哺育了无数中华儿女。

从"江"到"长江"

在古代,"江"专指长江。有关长江的记载,早在《诗经》中就已出现,书中说:"滔滔江汉,南国之纪。"这里的"江"说的就是长江。长江又被称为"大江",因为它水量大,浩浩荡荡,雄伟壮观。如我们耳熟能详的苏东坡的《念奴娇·赤壁怀古》中就有"大江东去"这样的说法。

随着古人对长江的认识逐步加深，他们感觉单称"江"或者"大江"已经不能完全表达出它"源远流长"的地理特征，于是，古人为了能更突显它的这一特点，就给它取了一个新的名字——长江。那么，长江究竟从什么时候开始被叫作"长江"了呢？

"长江"一词，最早出现在魏晋时期的文献资料中。如《三国志》中说，曹丕南征的时候，在广陵（今江苏省扬州市）看到了波涛汹涌的江水，他叹息道："长江天堑，天之所以限南北也。"唐朝时，"长江"这一称呼就已经被人们普遍使用，并且还出现在了很多古诗文中。如"长江悲已滞，万里念将归"（王勃），"兴

南宋赵黻的《长江万里图》局部

来逸气如涛涌,千里长江归海时"(李颀),"孤帆远影碧空尽,唯见长江天际流"(李白),"无边落木萧萧下,不尽长江滚滚来"(杜甫)等。到了宋朝,人们更是将"长江"这个称呼使用到诗、词、画中。如南宋赵黻(fú)的传世名画《长江万里图》。就这样,"长江"这个名称就沿用了下来。

长江的正源在哪里

长江发源于青藏高原的唐古拉山脉主峰各拉丹冬雪山的西南侧,正源叫沱(tuó)沱河,在青海省境内段叫通天河,这个名字你是不是感觉很熟悉呢？没错！据说它就是《西游记》中唐僧师徒取经所经过的那条大河。

长江的干流进入西藏、四川、云南省区交界处时,便有了

金沙江

"金沙江"之名。金沙江奔腾在山高谷深的横断山区，在古代被称为"绳水""丽水"。如战国时期的"丽水之中生金"，梁朝的"金生丽水，玉出昆冈"，这里的"丽水"指的就是金沙江，"昆冈"指的是昆仑山。宋朝时，人们因江内有很多含金的沙砾，干脆就将它叫作"金沙江"了。

金沙江流到四川省宜宾市后与岷江相汇，汇流后开始称"长江"。岷江是因为它出自岷山，所以才有了这个名字。岷江是长江上游水量最大的支流，年平均水量比黄河还多出一倍，所以在古代时，人们误把岷江当作长江的正源。甚至在宋朝时岷江边上还有一个村庄叫"长江村"呢。直到明朝末年，地理学家徐霞客写下著名的《江源考》(又名《溯江纪源》)，才在文章中纠正了这个错误，使人们认识到，原来金沙江才是长江的正源呀！

拥有多个名字的长江

在历史上,长江在不同的河段,有多个名字,如川江、峡江、荆江、楚江等。

四川省宜宾市到湖北省宜昌市这一段的长江干流,俗称"川江",因为这一段的长江大部分在原四川省境内(原四川省是指1997年重庆成为直辖市之前的地域范围)。其中,自重庆市奉节县到湖北省宜昌市这一段的长江,流经著名的三峡地区,两岸山峰对立,水流急速,所以这一段又称"峡江"。

峡江

江水流出三峡以后,江面突然变得十分宽阔。进入两湖平原,从湖北省枝江市流到湖南省岳阳市城陵矶的这一段长江干流,因河道位于古代的荆州地区,所以叫"荆江",分为上荆江、下荆江,著名的荆江大堤就在这段江道上。

荆江以下,流经今天江西省、安徽省的河段,因在古代属于楚国,所以又称为"楚江"。其中,在江西省九江市附近又称为"浔阳江",唐朝诗人白居易的《琵琶行》中就有"浔阳江头

荆江大堤

夜送客,枫叶荻(dí)花秋瑟瑟"的诗句。

长江河道在今天安徽省芜湖市、江苏省南京市之间是西南—东北流向,这里在隋唐以前是南来北往的主要渡口,古人习惯上称自此以下的长江南岸地区为江东,项羽说"无颜见江东父老"中的"江东",指的就是这个地方。

长江流经今天江苏省镇江市、扬州市之间,这里在秦汉六朝时期还是喇叭形的河口,所以历史上产生过像今天钱塘潮那样的潮水,称为"广陵潮"。这一段江面的宽度原本是20千米,唐朝时变窄了一半,成了10千米,到宋朝时又变成了9千米。清朝初期的江面只有三四千米,而到了现在只有1千米多了。也正因为如此,许多原本在江中的沙洲、山峰并岸了。

例如,镇江市有座著名的金山,它原本是高耸在长江之中的,但是由于水沙运动不均,南部淤积,北部坍塌,随着时间的推移,在清朝中期时就与南部陆地相连,曾经的渡口也因淤泥堆积变成了平陆。关于金山的命名,有多种说法。其中有一个说法是在唐朝时,高僧法海到这里云游,修复寺庙,有一天在山上挖到了黄金,所以有了"金山"这个名字。据说,《白蛇传》中"水漫金山"的故事就发生在这里。

镇江金山寺

长江在上海市接纳了最后一条支流黄浦江后，便走完了它的行程，注入东海。"浦"原本是小河、支流，明朝中期"黄浦"袭夺了吴淞江干流，变成了"黄浦江"，但黄浦江汇入长江处的地名，至今仍叫"吴淞口"，这是因为它原本就是吴淞江的入口。

黄浦江

知识加油站

扬子江

有同学可能会问，我听说过扬子江就是长江的说法，这种说法对吗？其实，扬子江并不是长江，它只是长江的一部分。

在江苏省南京市以下的长江段，从隋炀帝时起就有"扬子江"的称谓，这是因为隋朝时在今天扬州市南部的长江北岸有个扬子津渡口，唐朝时又设置了扬子县，所以有了"扬子江"这个名字。唐朝著名诗人李绅写过《早渡扬子江》的诗。到了宋朝，"扬子江"这个名字更是大量出现在诗文中，盛行一时。不过直到一百多年前，扬子江才被扩大到泛指整个长江。

> 阅读小贴士

四大米市

　　中国饮食，素有"南米北面"的特点。在长江流域，有明清以来习称的"四大米市"，又称"江南四大米市"，指今安徽省芜湖市、江西省九江市、江苏省无锡市、湖南省长沙市（或湖北省荆州市沙市区，即古代的沙市）。它们的共同点在于：水路交通便利，粮食产量大，商贸流通发达。2009年，笔者作为专家参与芜湖市路名命名工作时，就取芜湖的大米"堆积如山、洁白如玉"之意，而命名了"积玉路"。

漓江山水与天河雅鲁藏布江

大美中国，处处都有迷人的风光。小学《语文》课本中写到的风景名胜，还真有不少呢。今天，我们就一起走近漓江和雅鲁藏布江，来感受一下中国绝美的山水风光。

漓江山水美如画

位于广西壮族自治区桂林市内的漓江，是桂江上游的河段，而桂江是珠江流域干流西江的支流。

"漓"字是清澈、透明的意思。由此我们可以推断，漓江的水是很清澈的。漓江的起点是兴安县溶江镇灵渠口，终点是平乐县三江口,河段全长164千米。这里泥沙含量小,水质清澈,两岸多为石灰岩岩溶地貌,风景秀丽,旅游资源十分丰富,著名的桂林山水就在漓江上。

你一定听说过"桂林山水甲天下"的美誉吧?其实,桂林山水在南宋时期就已经享有"甲天下"的盛誉了,以至于它成为今天中国十大名胜之一,而"桂"也就成了广西壮族自治区的简称。

唐朝的大诗人韩愈在《送桂州严大夫同用南字》一诗中写道:"江作青罗带,山如碧玉簪。"描写的就是绮丽的桂林山水。象鼻山是桂林的象征。当我们来到桂林城区南部,在漓江和桃花江的交汇处,可以看到一个"巨兽"脚踩江中,正舒卷着它长长的鼻子津津有味地吮吸着江水,这就是象鼻山和水月洞。这座山在诗人柳宗元的笔下叫"漓山",后来人们因为它的山形很像大象,就改称它为"象山"或"象鼻山"了。

桂林漓江山水

象鼻山和水月洞

　　九马画山是漓江著名的景观之一。关于九马画山,也有许多故事。这座山临江而立,高、阔各100多米,石壁如削,五彩斑斓,浓淡相间,远远望去仿佛一幅巨大的画屏,所以叫"画山"。再仔细看,在这个石壁的顶端、下方、左边、右边和山峰上,好像有九匹骏马,所以称它为"九马画山"。

九马画山

传说这九匹马原本是天宫的神马,它们偷偷下凡来到了人间,在漓江边饮水时,正好被一名画工看见,画工要把它们画下来,神马受到惊吓,在慌乱中误入石壁,所以永远留在了人间。由于它们都是神马,形态莫测,难以辨认,所以历代又流传着这样的歌谣:"看马郎,看马郎,问你神马几多双?看出七匹中榜眼,能看九匹状元郎。"如果大家有机会到漓江游览九马画山,也不妨找一找、数一数哟,看看你能找出几匹。

世界屋脊上的"天河"——雅鲁藏布江

如果说南国的风光以秀丽著称,那么青藏高原的山水则以壮阔、雄浑而闻名。雪域高原上的雅鲁藏布江发源于喜马拉雅山北麓(lù),由西向东横贯西藏南部,绕过南迦(jiā)巴瓦峰转向南流,流出中国,流入印度。雅鲁藏布,藏语意为从最高顶峰流下来的水。雅鲁藏布江大拐弯处的大峡谷,是世界第一大峡谷,水能蕴藏量丰富,仅次于长江。

雅鲁藏布江流域富饶美丽,不仅是藏族文明诞生的摇篮,也是汉藏文化交流的见证。唐朝文成公主入藏、金城公主和亲的佳话与唐蕃(bō)会盟碑,都见证了汉藏人民交流、交融、交往的悠久历史。海拔高度堪称"天河"的雅鲁藏布江,哺育着两岸肥沃的土地,养育着千百年来的藏族同胞,给西藏人民带来了幸福、美好的生活。

雅鲁藏布江大峡谷

雅鲁藏布江

第四章　江河湖海　175

知识加油站

泗水、洨河、滹沱河、漳河

泗(sì)水原本是淮河最大的支流,发源于今天的山东省泗水县,因为它的源头有四条小河而得名。你听说过《论语》中的名句"逝者如斯夫,不舍昼夜"吗？这句话就是孔子在观察泗水奔流时发出的感叹。白居易在《长相思·汴水流》中写道:"汴(biàn)水流,泗水流,流到瓜洲古渡头。吴山点点愁。"也提到了泗水这个地方。到了南宋初期,黄河改道,泗水下游被黄河袭夺变成了黄河河道,泗水中游水位升高,形成了以微山湖为主的南四湖,所以如今只剩下微山湖以上的泗水上游了。

洨(xiáo)河是河北省滏(fǔ)阳河上游的一条支流,原本可以航行,河上有隋朝时建造的著名的赵州桥。赵州桥因赵县古称赵州而得名,后来宋哲宗赵煦又赐名安济桥。20世纪60年代后,洨河上游水源逐渐减少,70年代断流而成为季节性河流。

滹(hū)沱河是海河水系的上游支流之一,全长587千米。革命圣地西柏坡的原址就在河北省平山县的滹沱河沿岸。

漳河,全长约400千米。上古时代的漳河曾是黄河的支流之一,我们的小学《语文》四年级上册课本中有《西门豹治邺》这篇课文,讲的是战国时期,魏国的国君派西门豹去管理漳河边上的邺县,他革除了那里"河神娶媳妇"的陋习,开凿渠道,引水灌溉农田,这条河就是漳河。

浩渺洞庭与文化西湖

在小学《语文》课本中有两个各具风韵的湖泊——洞庭湖和西湖。现在,我们就来了解一下这两个美得像画卷一样的湖泊。

八百里洞庭的今与昔

唐朝诗人刘禹锡在《望洞庭》一诗中说:"湖光秋月两相和,潭面无风镜未磨。遥望洞庭山水翠,白银盘里一青螺。"可见,洞庭湖的景色是十分秀丽的。洞庭湖位于湖南省北部、长江中游的南岸。湖中的君山,春秋战国时叫洞庭山,所以湖就被命名为"洞庭湖"了。

　　传说舜帝巡视天下，最后来到了九嶷（yí）山，在苍梧（今天的湖南南部）逝世。他的两位妃子娥皇（湘妃）、女英（君妃）来寻找夫君，被洞庭湖水阻碍，最后死在了湖中的岛上。所以，这座岛在古代的时候被称为"湘山"，现在叫"君山"，入湖的最大河流叫"湘江"，今天，那里还有舜源峰、娥皇峰、女英峰等名胜。

洞庭湖

九嶷山舜帝陵景区

第四章　江河湖海　179

古籍中记载，洞庭湖方圆七八百里，所以才有"八百里洞庭"这样的说法。由于洞庭湖具有调节长江洪水的显著功能，因此元朝和明朝时在长江南岸开凿了四个长江分流入口，于是每年有大量的泥沙从长江流入洞庭湖中，洞庭湖逐渐被淤泥堆积，因此分割成东洞庭湖、南洞庭湖、西洞庭湖和大通湖。20世纪初，洞庭湖还是全国第一大淡水湖，但如今它的面积已从清朝初期的6000多平方千米收缩到约2625平方千米，退居为全国第二大淡水湖，并且湖水较浅。

岳阳楼

你一定听说过范仲淹《岳阳楼记》中的名句"先天下之忧而忧,后天下之乐而乐"吧?文中描写的岳阳楼就位于洞庭湖东岸的岳阳市。

"袖珍"的杭州西湖

与洞庭湖的烟波浩渺相比,杭州的西湖就是一个袖珍湖,它的湖面面积才6.38平方千米。传说著名诗人苏东坡曾留下"天下西湖三十六,就中最美是杭州"的赞叹。自古以来,杭州西湖的美景被文人墨客称赞,留下了大量的诗词文章,也累积成为宝贵的文化财富,小学《语文》课本中选录的关于杭州西湖的诗文就有很多篇。

西湖在唐朝时叫"钱塘湖",著名诗人白居易的《钱塘湖春行》中说"最爱湖东行不足,绿杨阴里白沙堤",这个"白沙堤",就是后来的白堤。白堤横亘湖上,把西湖划分为外湖和里湖。

到了北宋时期,西湖所在的杭州已经很繁华了。苏东坡曾两次在杭州为官,他对西湖情有独钟,留下了赞美西湖的千古绝唱:"水光潋滟晴方好,山色空蒙雨亦奇。欲把西湖比西子,淡妆浓抹总相宜。"他还给哲宗皇帝"提建议",采用以工代赈的办法,用20余万民工来全面整治西湖,把疏通西湖挖出来的淤泥,筑成了一条横穿西湖南北的长堤。后人为了纪念苏东坡治理西湖的功绩,把长堤命名为"苏堤",并在苏堤上种植柳树、桃花。

南宋时期,文人描述杭州西湖的名句有很多,杨万里的《晓出净慈寺送林子方》:"毕竟西湖六月中,风光不与四时同。接天莲叶无穷碧,映日荷花别样红",将六月西湖的美景描写得十分传神。不过,最具有讽刺意味的,还是那首林升的诗《题临安邸》:"山外青山楼外楼,西湖歌舞几时休?暖风熏得游人醉,直把杭州作汴州。"

西湖和它的"周边"

西湖周边也有众多的文化名胜,如灵隐寺、飞来峰、净慈寺、平湖秋月、三潭印月等。相传,在东晋咸和元年(326),印

灵隐寺

度僧人慧理在钱塘县建造佛寺,该寺背靠北高峰,面朝飞来峰,慧理认为飞来峰是"仙灵所隐"的地方,所以将寺庙取名叫"灵隐寺"。虽然后期它被多次改名,但老百姓仍习惯性地叫它"灵隐寺"。

你知道"活佛"济公吗?据说这里就是他当时出家的寺庙呢!相传有一天,灵隐寺的济公和尚突然预知有座山峰要从远处飞来。济公怕飞来的山峰会压死人,就跑到村子里劝大家赶快离开。村里人看济公平时疯疯癫癫的,谁也没有理会他。眼看山峰就要飞过来了,济公急了,就冲进一户办喜事的人家,背起新娘就跑。村里人见济公和尚抢新娘,全都呼着喊着追了出来。人们正追着,忽然天昏地暗,"轰隆隆"一声,一座山峰飞过来降到了灵隐寺的前面,压住了整个村庄。这时,

净慈寺

平湖秋月的秋

三潭印月

人们才明白原来济公是为了救大家。当然,这终归是个传说,因为从对飞来峰的地质分析来看,其实它与周边山岭是一样的。

净慈寺是南宋时期才定下的名字,因为寺内钟声洪亮,所以"南屏晚钟"闻名遐迩。

净慈寺对面是平湖秋月,每到清秋时节,西湖湖面平静得像一面镜子,皎洁的秋月挂在空中,月光与湖水交相辉映,颇有"一色湖光万顷秋"的感觉,所以称它为"平湖秋月"。

当然,西湖的湖中,还有迷人的三潭印月。三潭印月是西湖中最大

的岛屿,与湖心亭、阮(ruǎn)公墩(dūn)鼎足而立,合称为"湖中三岛",犹如我国古代传说中的海上仙山蓬莱三岛,所以又被称为"小瀛(yíng)洲"。小瀛洲上绿树掩映、花木扶疏,湖岸垂柳拂波,水面亭榭倒影,形成"湖中湖""岛中岛""园中园"的美景。岛南的湖中建有三座石塔,相传最早是苏东坡疏浚西湖时所建,现在我们看到的石塔是明朝时重建的。塔腹中空,球面体上排列着5个等距离的圆洞,如果在明月高挂的夜晚,塔中点燃灯光,洞口糊上薄纸,洞形映入湖面,会呈现出许多"月亮",真月和假月难分,夜景十分迷人,所以叫"三潭印月"。看看前面那张"三潭印月"图,你有没有感觉有些熟悉呢?不妨拿出第五套人民币1元纸币比对一下吧。

知识加油站

茶叶与地名

我们都知道中国的茶文化源远流长,茶叶的种类繁多。俗话说"茶叶喝到老,茶名记不了",可见茶叶品种真是多到数不清,茶叶的名字也让人难以记住。而以产地命名,是最为常见的一种取名方式。如黄山毛峰、庐山云雾、信阳毛尖、太平猴魁、桐城小花、六安瓜片、凤凰单枞、祁门红茶、霍山黄芽、福鼎白茶、安化黑茶等,地名与茶香可谓彼此浸润、相得益彰。

天下奇观钱塘潮

小学《语文》课本四年级上册第一课是《观潮》，开篇写道："钱塘江大潮，自古以来被称为天下奇观。"那么，钱塘江大潮究竟是怎样的奇观呢？今天，我们就来感受一下。

钱塘江大潮

钱塘江江道的历史变迁

在今天浙江省北部海宁市南侧,有一个向东张开的喇叭形状的海湾杭州湾,这里是海湾,也是钱塘江的入海口。受到地球引力和自转的影响,当潮水涌入钱塘江江口的时候,江道突然变窄,滔天巨浪突然被收窄,就形成了波涛汹涌的大潮;而当退潮的时候,潮水又被江口巨大的沙坎拦住,前浪受阻,后浪跟上,就产生了一浪叠一浪的壮观场面。

每年的农历八月十八,是流传千年的观潮节。苏东坡就有"八月十八潮,壮观天下无"的描述。

最佳观潮地点在这里

我们经常会用到一个词语"登高望远",钱塘江观潮也有一个登高观潮的好去处——镇海古塔。这座塔位于盐官镇的

镇海古塔

海塘边,宋朝时建造,明朝时重建。古人认为钱塘江水之所以如此汹涌,是由于海中凶狠的鳌鱼在作怪,所以镇海古塔又被称为"占鳌塔"。镇海古塔是用砖砌成的,塔身7层,高30米,平面是六边形的。塔里面有石阶通往塔顶,每层外围都有回廊式的建筑,可以说是观潮的胜地。排列在镇海古塔左右的2座观潮楼、6个观潮台,是最佳观潮点。有机会的话大家可以亲自去体验一下哟。

观钱塘江潮,访名人故居

清朝时,人们会在海宁的盐官镇观潮。盐官观潮景区里有一个中山亭,是为了纪念孙文先生来海宁观潮而建造的。实际上,1916年9月,孙文先生是在500多米外天风海涛亭观潮的。

"盐官"其实最早并不是地名,而是官名。我们都知道盐是属于国家管控的资源,在西汉时就已经是这样了。西汉时期,在盐的主产地,设置"司盐之官",简称"盐官"。公元前195年,吴王刘濞就在这里任命了一位盐官,随着历史发展,"盐官"演变成了地名。

元朝时,海水淹没了这里的农田,毁坏了庐舍,为了抵御这种自然灾害,人们建造了海塘,希望大海安宁,因此将此地改名为"海宁"。清朝时,人们在岸边统一建了大石块砌成的鱼鳞石塘,比较坚固,至今还在使用。清朝乾隆皇帝下江南时,还

王国维故居

在海宁陈家小住过一段时间,并将其居住的园子赐名为安澜园。

知名学者王国维就是盐官镇人,他的故居坐落在海宁市盐官镇的建安路上。海宁还出了一位十分知名的作家,那就是查良镛,他的笔名是"金庸",这个名字你一定不陌生吧?他写了很多影响广泛的武侠小说,如《书剑恩仇录》《射雕英雄传》《神雕侠侣》《倚天屠龙记》《天龙八部》等。

说起观潮,你是否会联想到"弄潮儿"呢?"弄潮儿"是指敢于冒险、有进取精神的人,这个词原本的意思是与潮水周旋的水手或在潮中戏水的年轻人。这个词产生于唐宋时期的杭州。唐朝时有诗:"嫁得瞿塘贾,朝朝误妾期。早知潮有信,嫁与弄潮儿。"宋朝时有诗:"弄潮儿向涛头立,手把红旗旗不湿。"同学们是不是也想做学习、生活中的弄潮儿呢?

五千年中华地名

知识加油站

容易读错的地名

在日常生活中,你会不会有这样的疑惑:同样是汉字,为什么有的在地名中的读音和在现代汉语词典中的大不一样呢?其实,在地名中,有很多字我们在读音上保留了古音和异读。如江西铅(yán)山县、新疆尉(yù)犁县、浙江丽(lí)水市、浙江台(tāi)州市天台(tāi)县、吉林珲(hún)春市、安徽六(lù)安市、河北乐(lào)亭县、广东广州市番(pān)禺区等。

新疆尉犁县风光

东海、南海与不是"海"的海

在小学《语文》课本中,《精卫填海》里提到了东海,《富饶的西沙群岛》里提到了南海,其他课文中还提到了不少不是"海"的海,比如中南海、北海、洱海。既然不是海,又为什么被命名为"海"呢?

东海和南海

东海是我国的边缘海之一,北起长江口北岸到韩国济州岛一线,同黄海分界;南以广东省南澳岛到台湾岛南端一线与南海分隔;东至琉球群岛。东海沿岸港湾岛屿众多,海底富藏

东海

石油，建有多个油气田，如平湖油气田、春晓油气田等。

大家知道《西游记》中有个"东海龙王"，他究竟是什么来历呢？据说东海龙王是由女娲册封的，他居住在海底的水晶宫里，与孙悟空的花果山相邻，沿着水帘洞中的水道一直走，就可以到东海龙王的龙宫。原来，孙悟空和东海龙王是"邻居"，所以在《西游记》中，孙悟空才喜欢到东海龙王的水晶宫去"找事"呀！

南海，是"南中国海"的简称，也是中国的边缘海之一，是中国近海中面积最大、最深的海区。南海位居热带，在海底高台上形成很多珊瑚礁岛，有我国的神圣领土东沙群岛、中沙群岛、西沙群岛和南沙群岛。

东沙群岛由东沙岛和附近几个珊瑚暗礁、暗滩组成；西沙群岛由30多个沙岛、礁岛、沙洲和礁滩组成；中沙群岛由黄岩岛和20多个暗沙、暗滩组成；南沙群岛由200多座沙岛、礁岛、沙洲、礁滩等组成。因为它位于我国大陆的南方,所以叫它"南沙群岛"。"南海"这个名字,早在秦汉时期就已经出现了。秦始皇在公元前214年,在今天的广东省一带设置了一个"南海郡",就是用南海命名的。

西沙群岛

你知道吗?南海还有另一个名字——涨海。因为我国劳动人民长期在南海作业,从事捕捞和航海事业,知道这里是一片渺漫无际的大海,所以从东汉以后就给南海增添了一个别称"涨海","涨"就是水域弥漫无边的意思。

这些地方名叫"海",但却不是海

我国地域辽阔,对地名的命名也是五花八门。有趣的是,在古往今来的众多地名中,有些带"海"的地名,并不是海(大洋边缘部分的水域),而是湖泊,甚至是沙漠或山脉。

如古代的青海（今天的青海湖）、居延海和现在的洱海、邛（qióng）海、草海、岱（dài）海、星宿（xiù）海等，都是湖泊。

著名的中南海也不是海，而是沿袭了辽金以来北方称湖泊为"海子"的习惯，在1912年将中海、南海合称为"中南海"。

在云南省大理市内有个湖泊，在古代被称为"叶榆泽"。湖的东西宽只有七八千米，而南北却长达40千米，加上湖岸的自然弯曲，形状酷似人的耳朵，因此明朝初期以来就将它改称"洱海"。苍山之下，洱海之滨，大理市是古代南诏国和大理国的都城，也是云南白族文化的发祥地。这里环境优美，风景如画，位居中国首批十大魅力城市的榜首。

洱海

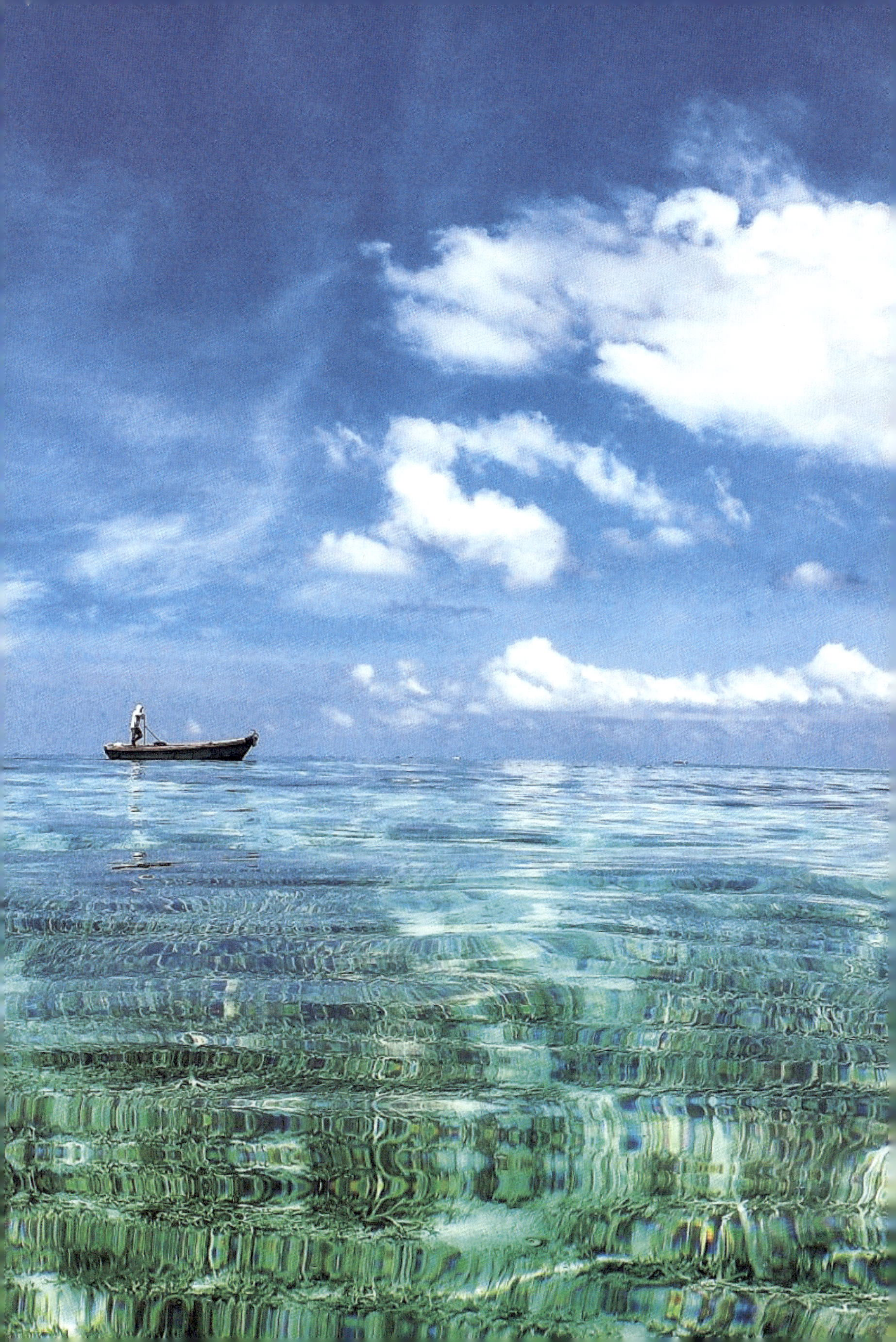

知识加油站

这些地名，你会写吗？

明末清初时期广东番禺人屈大均说："北人不识番禺，南人不识盩厔（zhōu zhì）。"这句话的意思是：北方人大概不知道番禺怎么发音，南方人大概既不会写、也不会读盩厔。

本来，地名中有不少生僻字，中华人民共和国成立后，为了方便社会使用，对很多地名进行了简化，如上文中的盩厔就改成了周至（今天的陕西省周至县）。其他如陕西省的鄠（hù）县改户县，鄜（fū）县改富县，葭县改佳县，沔（miǎn）县改勉县，邠（bīn）县改彬县；江西省的新淦（gàn）改新干，雩（yú）都改于都；四川省的酆（fēng）都改丰都，越嶲（xī）改越西；贵州省的婺（wù）川改务川；新疆维吾尔自治区的婼（ruò）羌改若羌，和阗（tián）改和田。

考考你，你知道黑龙江省的铁力、贵州省的习水、广西壮族自治区的玉林、青海省的门源，在简化之前，都是怎么写的吗？现在行政区中的隰（xī）县、藁（gǎo）城区、黟县、瀍（chán）河回族区、蠡（lǐ）县和衢（qú）州市，这些地名你会写、会念吗？

第五章

名胜古迹

北京中轴线的奥秘

小学《语文》课本里写到了首都北京的许多建筑物，如果你仔细观察就会发现，其中很多建筑物都分布在北京中轴线上或在中轴线的两侧。

我们都知道，长方形或正方形能够对折成完全重合的两部分，这里的折线就是中轴线。那么，什么是北京中轴线呢？原来，从元朝经过明朝到清朝，在古都北京的中心区域，有一条看不见的线。这条线北起北京钟楼、鼓楼，南到永定门，长7.8千米。在它的两边，有许多历史建筑群，大致呈东西对称布局，人们就把这条看不见的线称为北京中轴线。

关于"北京中轴线"的说法，最早是由著名建筑学家梁思成先生提出来的。时间回到1951年2月,梁思成在《人民日报》上《我国伟大的建筑传统与遗产》一文中写道:"北京在部署上最出色的是它的南北中轴线,由南至北长达七公里余。在它的中心立着一座座纪念性的大建筑物。由外城正南的永定门直穿进城,一线引直,通过整一个紫禁城到它北面的钟楼鼓楼,在景山巅上看得最清楚……北京的独有的壮美秩序就由这条中轴线的建立而产生。"

明清时期,北京城的中轴线上有很多建筑,从北往南依次是:钟楼、鼓楼、万宁桥、地安门、景山、紫禁城、端门、天安门、大明门(清朝称大清门,中华民国时期称中华门)、正阳门、天桥、永定门。其中,紫禁城中的神武门、顺贞门、钦安殿、御花园、坤宁门、坤宁宫、交泰殿、乾清宫、乾清门、保和殿、中和殿、太和殿、太和门、金水河、午门(俗称五凤楼)等都在中轴线上,景山的寿皇殿、寿皇门、万春亭、绮望楼也在中轴线上。此外,在中轴线的东西两侧,许多建筑都呈对称分布,如东便门与西便门、崇文门与宣武门、太庙与社稷坛、长安左门与长安右门、东华门与西华门、东直门与西直门、安定门与德胜门。即使在紫

鸟瞰北京中轴线

第五章　名胜古迹　199

钟楼

鼓楼

万宁桥

社稷坛　故宫　太庙

天安门

人民英雄纪念碑

毛主席纪念堂

正阳门城楼

先农坛　正阳门箭楼　天坛

永定门

北京中轴线核心区的建筑

禁城内,文华殿与武英殿、昭德门与贞度门、景运门与隆宗门也呈东西对称分布。大家有机会可以沿着中轴线转一转,走一走,感受一下700多年古都的魅力与辉煌。

1949年中华人民共和国成立后,中轴线继续发挥作用。开国大典上使用的旗杆,就在中轴线上。1952年,为了解决交通问题,长安左门、长安右门被拆除。1954年拆除中华门后,天安门广场扩大到了现在的规模。广场中央建起了人民英雄纪念碑,东西两侧则是基本对称的人民大会堂(西侧)和中国国家博物馆(东侧)。1976年毛泽东主席逝世之后,在原中华门的位置建造了毛主席纪念堂。

改革开放以来,北京中轴线曾两次向北延伸。第一次是在北京申办1990年亚运会成功后,第二次是北京申办2008年夏季奥运会成功后。中轴线向北延长后,成为奥林匹克公园的轴线,东边建造了国家体育场"鸟巢",西边则是国家游泳中心"水立方"。2008年的奥运会开幕式上,29个巨大的焰火"脚印"沿着北京中轴线一路走向"鸟巢",震撼了全世界,也让北京中轴线更加深入人心!

2008年奥运会,"跨过"北京中轴线上空的焰火"脚印"

远眺鸟巢和水立方

历经700余年，北京中轴线周边，留下了包括故宫在内的许多著名古建筑，这些建筑的布局，从视觉上呈现出独特的和谐之美。同时，北京中轴线的建筑布局还体现了"以中为尊"的城市规划理念。这种理念可以追溯到2000多年前的《周礼·考工记》中我国最早的城市平面规划构图——周王城平面图。

知识加油站

紫禁城、天坛公园

紫禁城是明清两代的皇家宫城，现在称"故宫"。古人把皇宫比作传说中天帝居住的紫微宫，因此用紫微、紫垣(yuán)、紫宫代指皇宫，称为"紫禁城"。太和、中和、保和三大殿是紫禁城的核心建筑物，其中，太和殿是明清两朝举行盛大典礼的地方，俗称"金銮殿"。

天坛公园，位于北京市东城区，始建于明朝永乐十八年(1420)，清朝乾隆、光绪时曾重修改建。天坛在明清两代是帝王祭祀上天、祈求五谷丰登的场所。天坛分内坛和外坛，主要建筑在内坛，圜丘坛在南，祈谷坛在北，二坛在同一条南北轴线上。

"江南风"的皇家园林

翻开小学《语文》四年级下册的课本,我们跟随《颐和园》一文,走进这座著名的皇家园林。

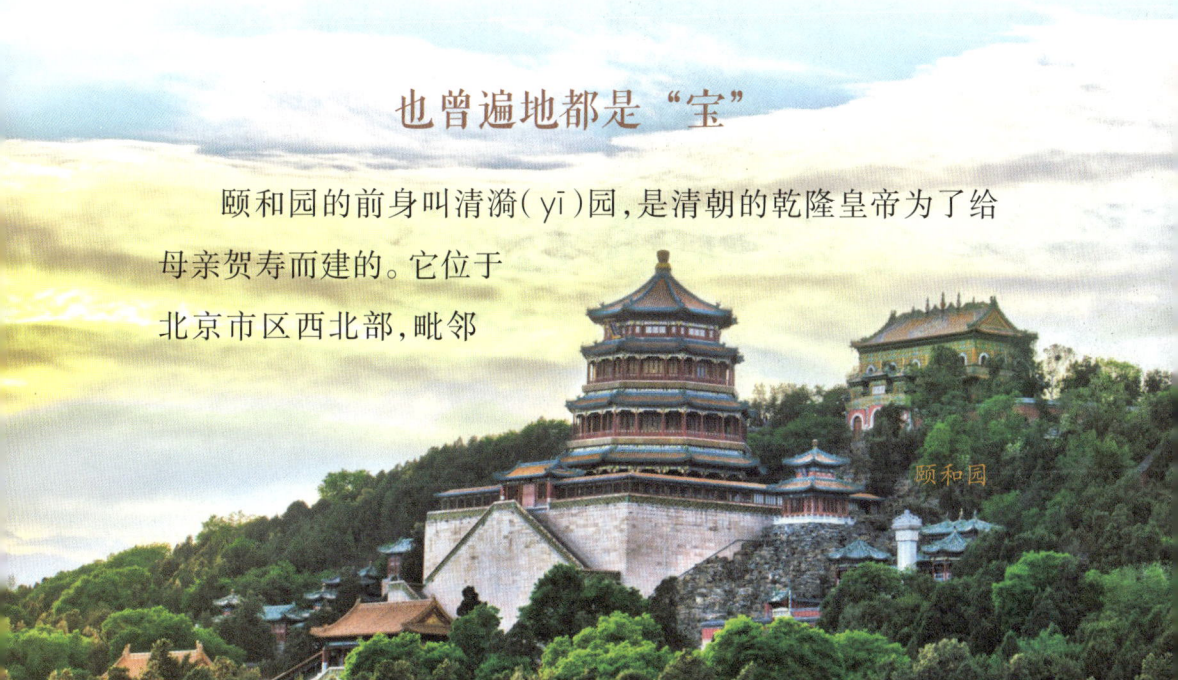

也曾遍地都是"宝"

颐和园的前身叫清漪(yī)园,是清朝的乾隆皇帝为了给母亲贺寿而建的。它位于北京市区西北部,毗邻

颐和园

圆明园,面积约3平方千米,其中约四分之三都是水面面积。

清朝乾隆十五年(1750),乾隆皇帝下令将西湖更名为昆明湖,把瓮山改为万寿山。清漪园就是以昆明湖、万寿山为主体而建造的。

乾隆皇帝是一个妥妥的收藏家,清漪园内有他搜罗的很多商周的铜器、唐宋元明的瓷、玉、书画等珍贵宝物,当时仅著录在册的就有40000余件。令人痛心的是,咸丰十年(1860),清漪园遭英法联军劫掠、焚毁,这些物品所剩无几。据劫后清册记载,清漪园各处陈设物品只剩530件,而且大部分都残破不整了。如果你有机会去颐和园游览,仍可觅见清漪园当年被毁坏的种种痕迹。

夏天的颐和园

颐和园西堤

处处尽显"江南风"

清末光绪十年至二十一年(1884—1895),为了让慈禧太后退居休养,皇家重建清漪园。没有重建经费怎么办?他们就动用海军军费,以致北洋海军十年内都没钱更新设备、购买枪炮等,间接导致了甲午战争的失败,教训惨痛。

光绪十四年(1888),为了慈禧太后能在这里颐养天年,清漪园改名为颐和园,取"颐养太和"的意思。

颐和园主要由万寿山和昆明湖两部分组成,它虽然是北方的皇家园林,却充满了江南风情。

自万寿山顶的智慧海向下,由佛香阁、德辉殿、排云殿、排云门、云辉玉宇牌坊,构成了一条层次分明的中轴线。山下是一条长700多米的"长廊"。这长廊号称"世界第一廊",长廊枋梁上有8000多幅彩画。这里还有仿无锡寄畅园而建的谐趣园,小巧玲珑,被称为"园中之园"。昆明湖的自然风光同样令人惊艳,湖中的西堤是仿照西湖苏堤建造的,连接南湖岛的十七孔桥也非常壮观。

颐和园的十七孔桥

知识加油站

北海公园、长安街

你听过歌曲《让我们荡起双桨》吗？歌词中的优美景色说的就是北海公园。北海公园也是有名的皇家园林。1925年开放为公园。这里北连什刹海，南接中南海。歌词"海面倒映着美丽的白塔"一句中提到的白塔，有35.9米高，是北海公园的标志性景观。

长安街，是北京市城区东西向主干道路之一，总长3800米，以天安门城楼为界，分成东长安街与西长安街。每逢国庆，这里繁花锦簇，处处充满了节日的气氛。

"万园之园"圆明园

还记得五年级上学期的小学语文课上学到的《圆明园的毁灭》一文吗？正是这篇课文让我们认识了一座了不起的皇家园林——圆明园。

490个足球场组成的皇家园林

课文中的主角"圆明园"就是我们要介绍的重点，它位于北京市海淀区，是颐和园的邻居，身份尊贵得很。这座园子的第一代主人是清朝康熙皇帝时还在做皇子的胤禛，也就是后来的雍正皇帝。圆明园是康熙皇帝赐给胤禛的园子，"圆明园"

这个名字也是这位父亲亲自取的。雍正皇帝对这个名字有着自己的理解,在他看来,"圆"是指个人品德没有缺憾,超越常人。"明"是指人聪明睿智,政治前途一片光明。

圆明园有3.5平方千米,相当于490个足球场那么大。如此大的园林,可不是一天建成的。这个大园子始建于康熙末年,雍正时期不断扩建,乾隆皇帝继位后又在园内兴建了许多好看的建筑,并在圆明园的东面和东南面兴建了长春园和绮春园(清同治时改名万春园),因为这三个相邻的园子都由圆明园总管大臣管辖,所以它们有一个统一的名字,叫"圆明三园"。

盛极一时的"万园之园"

虽然圆明园建在北京,但是人行走在其中,会感觉自己到了风景如画的江南。园中有仿照杭州西湖景观建造的平湖秋月、曲院风荷,有仿照苏州景观建造的狮子林,亭、台、楼、阁、殿、堂、榭、廊……应有尽有,这些建筑和园内的水域交相呼应,显得美轮美奂。除了仿造一些江南美景,曾出现在书中的很多美景也被聪明的设计师们搬到了圆明园中,如武陵春色、蓬莱瑶台等。他们从东晋著名的文学家陶渊明的代表作《桃花源记》中寻找灵感,造出了盛开着许多美丽桃花的重要景观"桃花坞",后来乾隆皇帝将这里改名为"武陵春色"。

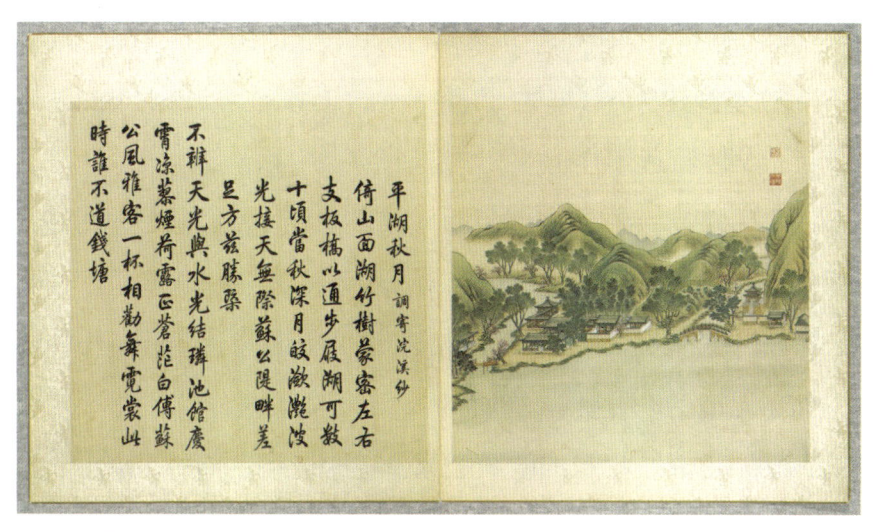

《圆明园四十景》中描绘的仿造西湖平湖秋月美景建造的景观

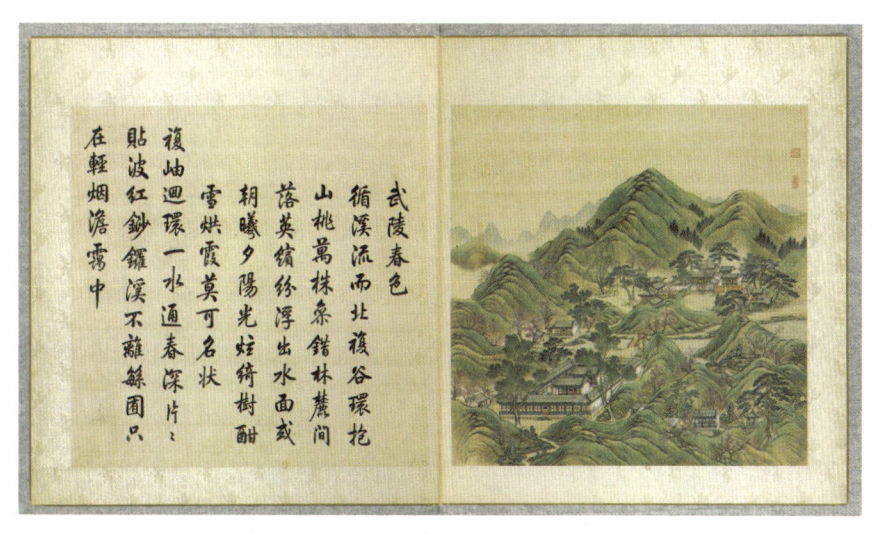

《圆明园四十景》中描绘的武陵春色

不仅如此,圆明园中还有很多西方园林建筑,充满异域风情,著名的西洋楼就是其中的代表。这片建筑位于长春园北面，从乾隆十年（1745）开始动工，一直到乾隆二十四年（1759）才修建完毕，郎世宁、蒋友仁、王致诚等欧洲传教士都参与了设计监造工作。

建筑群中的主要建筑包括线法墙、方河、远瀛观、大水法、观水法、海晏堂、方外观、养雀笼、谐奇趣、蓄水楼、黄花阵（万花阵）等，是典型的巴洛克风格建筑。在这些建筑中，大水法是当之无愧的"明星"。当时的人们将喷泉叫作"水法"，大水法是圆明园中最壮观的欧式喷泉。它的造型是石龛式的，下边有一个狮子头样式的喷水口，能形成七层水帘。池中心有一只铜梅花鹿，在池子的两侧还有十只铜狗，从铜狗口中喷出的水柱，能直射到铜梅花鹿身上，溅起层层浪花，俗称"猎狗逐鹿"。

除了设计精巧的建筑，圆明园内还珍藏了大量无价之宝，极为罕见的历史典籍、宋元瓷器、历代书画、金银珠宝等数不胜数。在位于"水木明瑟"景观的北面，有一间曾经辉煌一时的藏书阁——文源阁，这是乾隆皇帝南巡回京后特意命工匠模仿浙江宁波的天一阁建造的，专门用来收藏珍贵的《四库全书》。

正是这些融汇中外的园林景观和无数珍宝，让圆明园成了当时世界上屈指可数的重要"博物馆"，也让它赢得了"万园之园"的盛誉。

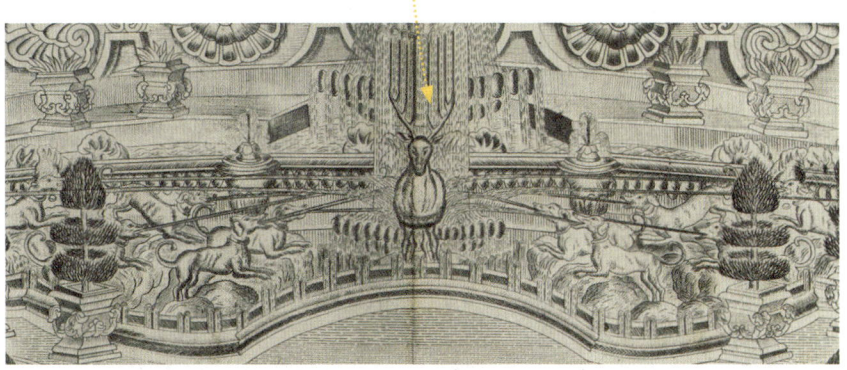

《圆明园铜版画》中描绘的大水法的景象

劫后余生的文化遗产

然而就是这样一座精美至极的皇家园林,生活在今天的我们却再也没有机会一睹它的真面目了。咸丰十年(1860),英法联军攻入北京,面对圆明园中无数精美的艺术品,贪婪的侵略者开始了无休止的抢掠。在撤离的时候,为了毁灭证据,这些强盗又纵火焚烧了圆明园,大火烧了三天三夜,滚滚浓烟笼罩了整个北京城。

事后,据官员查奏,圆明园及附近的清漪园、静明园、静宜园、畅春园及海淀镇等处的宫殿被毁,许多参天古树、珍贵古玩全部葬身火海,化为乌有。此后多年,我们的国家战乱不断,

老照片中被毁坏的圆明园

圆明园中仅存的一些建筑遗迹也屡遭破坏，直到中华人民共和国成立后，圆明园遗址才被保护起来。

今天，虽然我们无法欣赏到原汁原味的大水法了。但是，建于20世纪80年代初期的圆明园遗址公园让我们可以再次走近大水法，欣赏残存的石雕，想象它曾经的宏伟。在历经了众多磨难之后，大水法残存的大理石石柱依旧屹立，它们历经百年岁月，见证着历史的变迁，也让我们看到了国家如何一步一步走向强大。2018年，圆明园管理处还曾对大水法进行过加固保护。在未来，这些曾见证过我们国家重要历史的遗迹，一定会得到更好的照顾。

圆明园遗址公园中的大水法遗址

知识加油站

燕园和狮子林

燕园为今北京大学校园、原燕京大学的别称。在明清时期，这里是著名的皇家园林，包括勺园、朗润园、淑春园、镜春园、鸣鹤园、蔚秀园、畅春园、承泽园、农园，北京大学校园是在这"九大园林"的基础上建造的。

狮子林是中国古典私家园林建筑的代表之一，为苏州四大名园之一，位于苏州城内东北部，始建于元朝。因园内石峰林立，多形似狮子，故名。狮子林内的假山多且精美，建筑分布错落有致，主要建筑有燕誉堂、飞瀑亭、问梅阁等。

长城万里长

提起长城,相信大家一点儿也不陌生。除了在小学《语文》课本里多次看到关于长城的介绍,你肯定也在自己的旅行途中实地攀登过长城,亲身感受过它的雄伟。毛主席诗词《清平

长城局部

乐·六盘山》中说："不到长城非好汉，屈指行程二万。"抒发的就是翻越高峰之后坚毅豪迈的情感。

不用多说大家也知道，长城是连绵不绝、高大坚固的长长的墙体，但长城又不仅仅是一堵城墙，准确地说，它是城墙与大量的城、台、障、亭、堡、口相结合的军事防御体系。我们回忆一下自己见过或者听说过的长城，会不会有这样的疑问：为什么很多地方都有长城，这些都是古人修筑的吗？告诉大家，长城是有很多，现存长城文物本体包括墙体、壕堑（háo qiàn）、界壕、单体建筑、关堡等各类遗存，总计4.3万余处，数量非常可观。不仅如此，长城的分布范围还十分广泛，在今天的河北、北京、天津、山西、陕西、宁夏、甘肃、内蒙古、辽宁等地都有长城的身影。说不定你的家乡也有一段历史悠久的长城遗迹呢！

长城作为中国历史文化的象征之一，自然有着响当当的名气。1961年3月4日，长城被国务院公布为第一批全国重点文物保护单位。1987年12月，长城被列为世界文化遗产。数以万计的长城遗迹正在以自己的方式向全世界讲述着中国的故事。

中国修筑长城的历史十分悠久。先秦时期，燕国、赵国、秦国都修筑过长城，用来防备北边的匈奴，而齐、楚、中山等国修筑长城则是为了争霸或者自卫。秦朝以后，中原统治者几乎都不同规模地修筑过长城。

秦朝"长城",万里筑屏障

秦始皇统一六国以后,下令把原来秦、赵、燕三国修建的长城连接起来,再进一步发展,最终筑起万里长城,用来守卫边境。

秦长城遗址

秦朝长城西起今天的甘肃省临洮县,经定西市向东北到宁夏的固原市,经过甘肃省环县、陕西省靖边县等地向北到内蒙古后,抵达黄河南岸;黄河以北的长城则由阴山山脉西段向东,经过内蒙古到河北省境内,继续向东一直到辽东(今辽宁省辽河以东地区)。

看来，秦朝长城规模之大、范围之广，叫它万里长城可真是一点儿都不夸张。修筑了如此雄伟的大工程，想必一定是好处多多吧？没错，秦朝长城不仅巩固了边防，保证了中原的安全，还给中原农业生产提供了一个安稳的环境。

长城在当时社会起到的作用真的就像贾谊在《过秦论》中说的那样："……却匈奴七百余里；胡人不敢南下而牧马，士不敢弯弓而报怨。"如果你想一睹秦朝长城的雄伟风采，可以去今天的内蒙古固阳县看看，那里至今还有残存的秦朝长城遗址呢。

明朝"边墙"，内外固边防

前面提到过，秦朝以后的许多朝代都修筑过长城，但要说修筑规模最大的，那还得是明朝。明朝的统治者不喜欢自己修筑的长城和以前的重名，为了和秦朝长城区别开，明朝特意把长城叫作"边墙"。

明朝边墙东边从依山襟海的山海关开始，西边到祁连山下的嘉峪关结束，绵延8000多千米。为了加强防御，明朝边墙沿线被划分为九个防御区，分别驻扎重兵，这些区域被称为"九边重镇"。

明朝的边患主要来自北边，为了巩固北部的边防，同时也防止元朝势力再度威胁明朝政权，明朝的统治者几乎没有停止过修筑边墙工程。这里还有一个十分有意思的小故事,如果有机会阅读一些古籍,你会发现,在明朝以前是见不到"原来"二字的,全都是"元来"。是古人弄错了吗?"元"变成"原",一方面是因为朱元璋的名字中带有"元"字,为了避皇帝之讳,所以避掉了"元"字。另一方面,说明明朝实在是不希望元朝势力卷土重来,因此就把"元来"一词改成了"原来"。

如果在相关地图上分别标出历代长城的位置,你就可以发现,明朝边墙的位置是相对靠南的,所以许多边防要地都没有被围在边墙以内,再加上要保卫北京的安全,只有一道长城就显得有些难当大任了,因此明朝还修筑了内长城来加强防御力度。

明朝是为了防御才不得不一直修建"边墙"的,但常年修筑长城劳民伤财,让百姓们困苦不堪。他们无力反抗,只能通

位于宁夏的明朝长城墙体

过一些艺术创作宣泄不满。大家听说过孟姜女哭长城的故事吗？这个故事的背景是在秦朝，实际上却是在明朝时改编而成的，目的是借古讽今。孟姜女给丈夫千里送寒衣的故事一直在民间广为传诵。

知识加油站

长辛店、通县

长辛店，位于北京市丰台区永定河西岸、卢沟桥畔，这是一条具有近千年历史的老街，也是从西南方向进京的必经要道。明清时期，街上商贾旅客云集，店铺酒肆林立，车水马龙，热闹非凡。为了迎来送往，这里的店家几乎天天都要用清水泼街，给人一种气象一新的感觉，因此起名"常新店"。人们读来读去，就读成了谐音"长辛店"。

通县，位于北京城区的东边，是京杭大运河的北部终点。这里最早叫通州，有"漕运通济"的意思。到了明清时期，南方的粮食源源不断运到京城，大运河成了保障朝廷正常运转的生命线。1914年，通州改名为通县，1958年划归北京市，1997年改为通州区。

阅读小贴士

地名的演变

地名的演变,既有雅化,也有俗化,还有讹变。现在,我们就以南京的地名为例讲讲它们演变的有趣经历。

渊声巷:从前,这里因为地势低洼、雨天泥泞不堪、行人怨声载道而得名"怨声巷",后来雅化成了"渊声巷"。

迈皋桥:这里本来称为"卖糕桥",传说因桥南原来有家卖糕的小店而得名,后来雅化成了"迈皋桥"。

阴阳营:这名字听着不太好听吧?它的原名是"鹰扬营",得名于明朝时这里驻扎着"鹰扬营卫",后来俗化成了"阴阳营",还分成了南阴阳营和北阴阳营。

裤子裆:原名"库司坊",人们因为这里曾住过明朝臭名昭著的大奸臣阮大铖而叫它"裤子裆",用来比喻阮大铖道德不堪。

还有些地名的演变,说不清是雅化还是俗化,我们就说它是讹变吧!如"厚载门"变成"后宰门","沟儿巷"变成"狗耳巷","罗寺转弯"变成"螺丝转弯","府后岗"变成"傅厚岗"……

上山入城览名胜

我们国家的名胜古迹遍布各地，有的藏在深山中充满神秘，有的就在闹市中安静"站立"。小学《语文》四年级下册第六单元的《我们家的男子汉》一文中有这么一句："当《少林寺》风靡全国时，他也学会了一套足以乱真的醉拳。"这里提到的《少林寺》是1982年公映的一部电影，在当时掀起了风靡社会的少林文化热潮。今天我们就从少林寺出发，一起上山入城，认识几处经典的游览胜地吧！

上山看少林

你知道少林寺这个名字的由来吗？

少林，少林，少室山上的茂密丛林……没错，少林寺坐落在中岳嵩山腹地少室山的茂密丛林中，因此得名少林寺，这名字是不是足够直白呢？

少林寺初建于北魏，是少林武术的发源地。有关少林武术的发源，说法不一。有人说少林武术是由元朝某人创立的，也有人说是由明朝某人传授的。其实，少林武术并不是一人或数人创立的，而是在漫长的岁月中，由无数"武林高手"发展传承下来的，这才有了"天下功夫出少林"的谚语。而少林派也是中华武术体系中最庞大的门派，武功套路称得上是应有尽有。

少林寺

嵩山少林

莫高窟

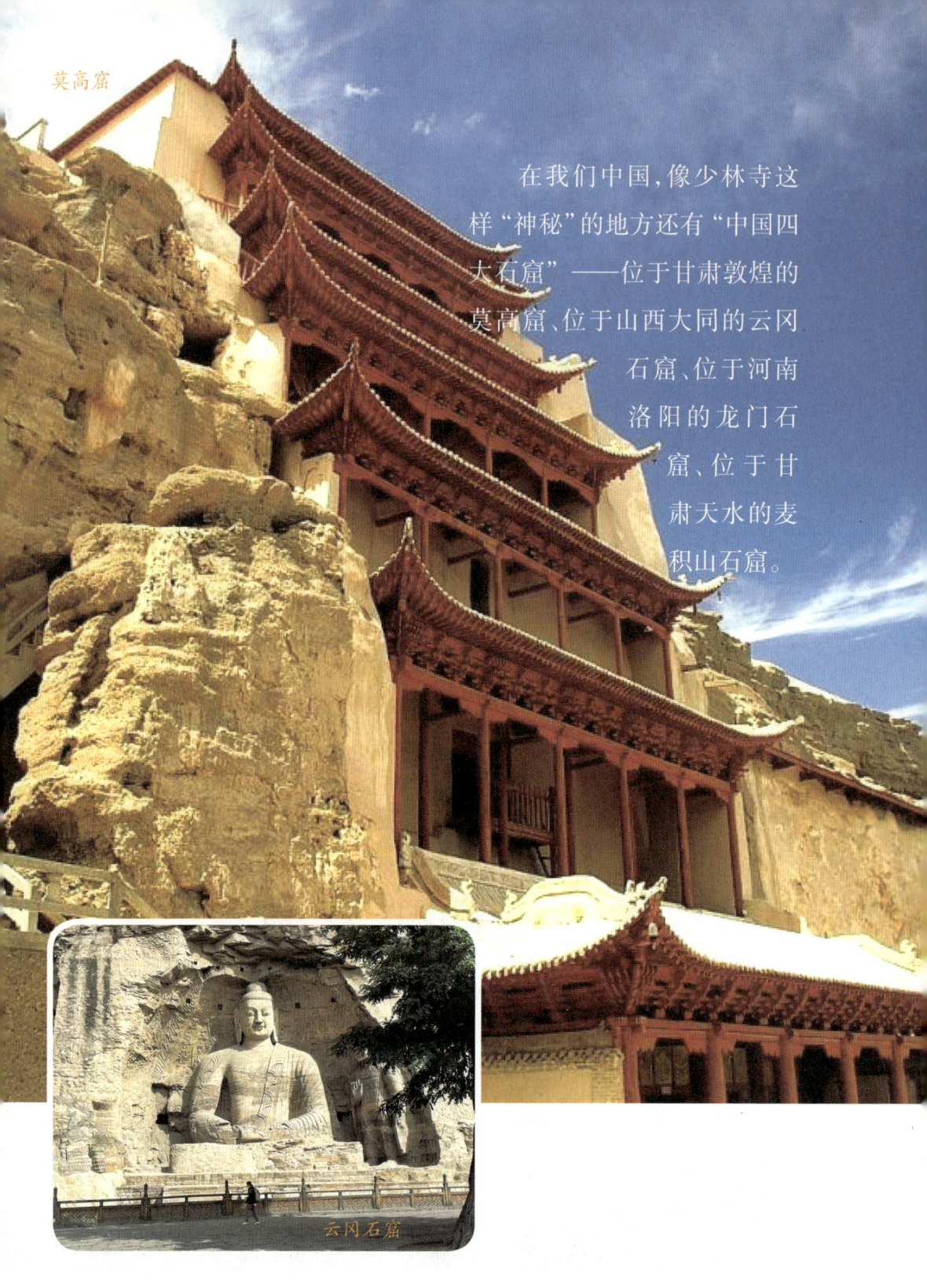

在我们中国，像少林寺这样"神秘"的地方还有"中国四大石窟"——位于甘肃敦煌的莫高窟、位于山西大同的云冈石窟、位于河南洛阳的龙门石窟、位于甘肃天水的麦积山石窟。

云冈石窟

龙门石窟

　　莫高窟绚烂的壁画，云冈石窟、龙门石窟壮丽的石雕，麦积山石窟精美的泥塑，样样震撼心魄，称得上是中国古代文化艺术的惊世瑰宝。

　　名以窟传，正是这些从历史中走来的名胜，让敦煌、云冈、龙门、麦积山这些地方闻名遐迩。

麦积山石窟

第五章　名胜古迹　225

莫高窟壁画

入城见古迹

要想盘点闹市中的古迹,首都北京算得上是数一数二的城市了。

第一站,让我们走进位于北京西便门外的白云观。单是观名的演变过程就十分有趣。唐朝时,它叫天长观,传说是唐玄宗为了敬奉老子而建造的。如果你去那里参观过,应该看到过观内那座汉白玉石雕的老子坐像,听说这还是从唐朝传下来的呢。

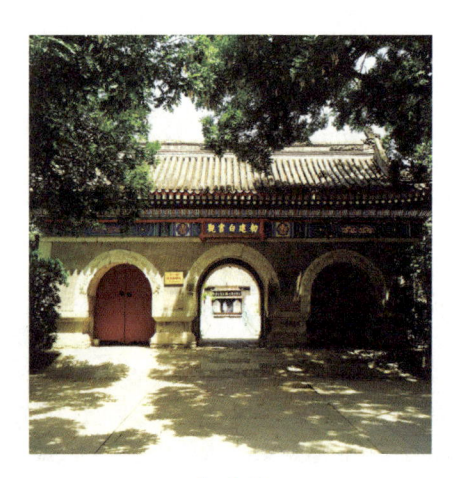

白云观

到了金朝，天长观多次遭遇大火，重新修建后更加恢宏华丽。1203年，天长观摇身一变，改名为"太极宫"。只可惜到了1214年，随着金朝将都城迁到开封，太极宫逐渐荒芜，往日的辉煌也烟消云散了。但是我们也不用替它难过，到了元朝，成吉思汗把太极宫赐给了"长春真人"丘处机。经过三年的修整，太极宫一改从前的凄凉，殿宇楼台焕然一新。

神奇的是，1227年初夏，它又改名字了！这一次，成吉思汗以丘处机的道号"长春子"为灵感，为它改名"长春观"。丘处机去世以后被安葬在长春观东侧重新建造起来的处顺堂里，这就是最开始的白云观。这时的白云观只是长春观的附属建筑，到了元朝末期连年发生战争，长春观原有的殿宇逐渐被损毁，东侧的白云观却侥幸留存了下来。

明朝，白云观——处顺堂重新扩建，白云观受到重视。清朝以后，更是有了"京师第一道观"之称。

除了白云观，北京还有隆福寺、大钟寺等，这些小学《语文》课本中也都提到过，它们同样颇具盛名。感兴趣的朋友可以去这些地方走一走、看一看哟。

第二站，我们走进北京城的胡同。

明清时期，很多进京赶考的读书人都会住在海王村一带的会馆里。久而久之，海王村就形成了一个售卖书籍、画作、文房四宝

大钟寺

第五章 名胜古迹 227

位于琉璃厂的中国书店

的市集。如果你没听说过海王村,那名气更大的北京琉璃厂文化街你肯定听说过吧?元朝时,海王村这里建了琉璃窑烧制琉璃瓦,到了明朝,这里又设立了琉璃厂,海王村这一带也就顺理成章被叫作"琉璃厂"了。

在如今的琉璃厂东街,有一座火神庙,每年正月初一至十五,人们在火神庙附近设摊售货,游人云集,热闹非凡,俗称"厂甸庙会"。2001年,厂甸庙会在消失多年之后重新成为人们春节的好去处,并成为京城唯一不收门票的开放式庙会。

知识加油站

地名灯谜

灯谜是中国独有的一种文娱活动形式,构思巧妙、比喻贴切的地名灯谜更是妙趣多多。请大家猜一猜这些地名灯谜的谜底吧!

灯谜答案：

重庆；沙(上海)；开封；无锡；淮阴；南通；四平；临沂

合肥：

　　以上地名灯谜中，不太容易猜出的是最后一个，这里解释一下：唐玄宗的宠妃杨玉环体态丰满，元朝有位大臣名叫王约，也是体形偏胖。所以"杨玉环嫁王约"的谜底就是"合肥"，也算是一种开玩笑的形式了。

第五章　名胜古迹　229

神州处处是江南

江南到底是哪里呢？地理学上的江南，包括长江以南的全部地方；气象学上的江南，指初夏绵绵不绝的梅雨覆盖的地方；语言学上的江南，指的是吴侬（nóng）软语之地；文学上的江南，说的是有三秋桂子、十里荷花的地方；而历史上的江南，是一个不断变化的地方，不同时期有不同的地域范围。也正因为如此，在小学《语文》课本里竟有7篇课文涉及了"江南"。

何处是江南

秦汉时期，"江南"大体指今天的湖南、江西两省，而今天我们所说的"江南"在那个时候被称为"江东",李清照有句名诗"至今思项羽,不肯过江东",其中的"江东"指的就是现在的江南。

唐朝初期,全国划分为十道,其中"江南道"可以说是名副其实的江南,因为它全部位于长江以南,包括东起今天的上海市、西至今天的贵州省、南到南岭的广大地域。唐玄宗时,将江南道又划分为三道,其中"江南西道"在宋朝时演变为"江南西路",它的地域范围基本上就和今天的江西省很接近了。

唐朝安史之乱以后,中国的经济中心逐渐向南方转移。江南的气候雨热同季,有利于各种植物生长,因此江南逐渐变得富庶(shù)起来,所以连著名诗人白居易都要写《忆江南》来赞美它,此外,杜牧写下了《江南春》,王安石有"春风又绿江南岸"的诗句,现代画家徐悲鸿也手书过"杏花烟雨江南"的名句。

"江南",顾名思义,应该指长江以南的所有地方,但文化意义上的"江南"只指以太湖流域为核心的今天的江苏省长江以南、上海市和浙江省的北部。

望神州,处处是江南

"江南"有多重含义,一百个人就有一百种理解。

经过漫长的演变,"江南"已经成为一种意象,所以神州处

塞北江南——宁夏引黄灌溉区

陕北好江南——陕西延安南泥湾

陇上江南——甘肃天水

处是江南。这些"江南",有塞北江南、西北小江南、陇上江南、塞外江南、内蒙古小江南、东北小江南、西藏江南……

以宁夏为例,滔滔黄河水九曲迂回,浇灌出美丽富饶的平原,造就了瓜果飘香、稻香鱼肥的塞北江南。这在隋唐时期的文献资料中就有记载,唐朝诗人韦蟾(chán)有诗句:"贺兰山下果园成,塞北江南旧有名。"意思是贺兰山下的果园已经建成,塞北江南的名声早已远扬。

再如陕西省延安市的旅游胜地南泥湾,这里原本是野草丛生、人迹稀少、野兽出没的荒凉之地,1941年,八路军120师三五九旅经过三年艰苦奋斗,终于将这里变成了"处处是庄稼,遍地是牛羊"的陕北好江南。

东北小江南——吉林集安

很多地方都被称为"塞外江南",可见,"塞外江南"并不专指某个固定地点,只要塞外有江南那样优美风光的地方都可以这样称呼。

让我们再到内蒙古看一看,这里多是"风吹草低见牛羊"或者"胡天八月即飞雪"的风光,但在科尔沁左翼后旗甘旗卡镇西南方向25千米处有一条峡谷——大青沟,它的宽度有200多米,深几十米,一条清澈见底的小溪从峡谷中流淌而出,是内蒙古少见的有山有水的美丽风景,所以被誉为"小江南"。

内蒙古小江南——大青沟

第五章 名胜古迹 233

改革开放的春风吹遍神州大地四十余年,中国各地都发展起来了,都有旖旎(yǐ nǐ)风光、丰富物产、美好生活,所以处处都是"江南",都像江南。

知识加油站

神州处处"桃花源"

你知道著名诗人陶渊明写的《桃花源记》吗？文中的桃花源与今天所讲的江南类似,也演变成了世世代代中国人理想家园的代名词。所以,争夺"桃花源"的湖南常德、湖北竹山、重庆酉阳、贵州铜仁、河南南阳、安徽黄山、江西庐山、云南坝美村、江西康王谷、安徽黟县赤岭村,以及史学大师陈寅恪先生认为的河南灵宝市一带或陕西商洛市一带,其实都有"桃花源"式的地方,或者都是"桃花源"式的地方。

第六章

文学地名

桃花潭是什么"潭"

大家有没有发现,人们只要一提送别诗,李白的《赠汪伦》就会脱口而出。"桃花潭水深千尺,不及汪伦送我情"可以说是无人不晓,诗里涉及的地名知识也值得我们探索一番。

你以为的"桃花潭"

既然背诗不在话下,那么你有没有思考过:诗句里提到的"桃花潭"究竟是什么样的?查阅词典可以得知,"潭"指的是深水池,池塘、湖泊、泉眼都可以算是"潭"。

因此你可能会想,桃花潭……应该是桃花林边上的一处水潭,又或者压根儿没有桃花,这处水潭只是名字叫"桃花潭"。但很快你又会有新的疑惑:按理来说,水池嘛,即便水再多,也不至于有千尺之深吧?李白在写庐山瀑布时,有过"飞流直下三千尺"的名句,想来这深千尺的桃花潭也是"诗仙"沿用了他最擅长的夸张风格吧!这样一来,这首《赠汪伦》所表达的场景就无比清晰了:李白乘着船准备离开,路过这处水潭时,远远听到了岸边送别人群的踏歌之声,于是感叹汪伦之情深似千尺潭水。但真实的桃花潭是这样的吗?

普通水潭

"桃花潭"只为自己代言

李白诗中的"桃花潭"位于今安徽省宣城市泾县西南桃花潭景区。走近一看才知道,这"桃花潭"指的竟然是青弋江上游的一处江上水面!因为这处水面位于江边的悬崖陡壁下,阳光照射不到这里时,水的颜色就比江面其他地方的颜色更深一些,而之所以会用"潭"这个字,是因为这里

的形状像水潭。看来,我们还真是"小"看了这个桃花潭呀!

对"潭"的误会解除了,那"桃花"又是从哪儿说起的呢?这就不得不提一个典故:唐朝天宝年间,泾县的豪士汪伦听说李白在南陵(今安徽省南陵县),于是就盛情邀请李白来做客。为了吸引"天子呼来不上船,自称臣是酒中仙"的李白,汪伦在给李白的信中说:"先生喜欢游览吗?这里有十里桃花。先生喜欢小酌一杯吗?这里有万家酒店。"李白听了很感兴趣,于是前来赴约,可到了地方却发现既没有桃花,也没有很多家酒

泾县桃花潭

店。汪伦却回答:"桃花是潭水的名字,万家酒店是说酒店主人姓万。"这话引得李白开心大笑——真是不落俗套的汪伦与李白!真是流传千古的真情厚谊!

从这首诗的地名故事中,同学们能够获得怎样的启示呢?

地名,是名副其实还是名不副实,是名存实亡还是名实俱存,往往要到当地走一走,看一看,才能下结论。比如"老虎山"这类地名,除了"此山曾有虎"的可能性外,也可能山的形状像虎,还可能曾有个绰号"王老虎"的山大王在此拦路打劫,甚至可能以前叫"老五山",后来讹变成了"老虎山"。想要探究地名的奥秘,我们就得抱着质疑多想想,迈开双脚多走走,这样才不会"望名生义",才能更加真切地欣赏气象万千、精彩无限的中国美景,这大概就是南宋陆游说的"纸上得来终觉浅,绝知此事要躬行"吧……

知识加油站

唐诗中的地名(一)

建德江:出自孟浩然的《宿建德江》,指流经今浙江省建德段的新安江。

滁州:出自韦应物的《滁州西涧》,以滁河得名,是今安徽省滁州市。

西涧：出自韦应物的《滁州西涧》，山间流水的沟就叫作"涧"，滁州城群山环绕，西涧在城西门外。

枫桥：出自张继的《枫桥夜泊》，在今江苏省苏州市姑苏区，跨上塘河（古运河）。

姑苏：出自张继的《枫桥夜泊》，姑苏是苏州的别称，因姑苏山而得名。

寒山寺：出自张继的《枫桥夜泊》，因唐朝诗僧寒山曾经在此居住而得名。

西塞山：出自张志和的《渔歌子》，在今浙江省湖州市西南，也有人说在今湖北省大冶市东长江南岸，还有人说在今江苏省南京市西长江东岸。这几处的江边、河旁都有诗中提到的白鹭、鳜鱼。

杏花村：出自杜牧的《清明》，关于杏花村的位置，千百年来争论不绝，至今尚不能确定。

阅读小贴士

莼鲈之思

西晋吴县（今江苏省苏州市）人张翰在洛阳做官，因为思念家乡的菰（gū）菜、莼羹、鲈鱼脍，便找了个"人生贵得适志"的理由，弃官回家。于是后世就以"莼鲈之思"比喻思念家乡。

两关要塞通古今

在古诗词中,"边关"已经成为常见的固定意象。小学《语文》五年级下册中有"春风不度玉门关""孤城遥望玉门关"的诗句,《语文》六年级下册中有"西出阳关无故人"的感慨。西北的风沙在玉门关和阳关吹了上千年,这次就让我们一起去看看那里发生过怎样的故事吧。

立功西域也思归

你阅读过"投笔从戎"的故事吗?这个故事的主人公是东汉的班超。

东汉永元十二年(100),已经治理西域27年、受封定远侯的班超,年老思归,于是给汉和帝上书说:"老臣不敢指望回到酒泉郡(今甘肃省酒泉市),只求能活着进入玉门关,也好让我的儿子班勇看看故乡中土。"汉和帝看到后十分感动,于是召回班超。两年后,班超回到都城洛阳,不久病重去世,享年71岁。

班超,扶风平陵(今陕西省咸阳市西北)人。他出生在一个人才辈出的家庭,祖父班稚是广平太守,父亲班彪是徐县令,哥哥班固是兰台令史,妹妹班昭也是著名史学家。班彪、班固、班昭和马续还共同完成了名垂千古的《汉书》。

出生在这样的家庭,按照正常的培养模式,班超本应成为一名书生,学成之后成为文官,又

班超西行铜像

怎么会成为抗击匈奴的定远侯呢？其实，班超最初的工作就是替官府抄写文书。不过时间一长，胸有大志的班超就厌烦了这样的工作，他扔下毛笔说："大丈夫应当建功封侯，岂能整天在笔墨之间虚耗光阴！"就这样，他投笔从戎，42岁时开始了立功西域的戎马生涯，一去就是近30年。

班超这位充满家国情怀的英雄人物，既在西域边关努力奋斗，也对自己的家乡充满了挂怀和思念。也正是有了这些思念关内故土的英雄志士，"玉门关"这个地名才在文学作品中与游子的浓浓乡愁和男儿的雄心壮志联系在一起，而常与玉门关并称的阳关也有同样的象征意义。

玉门关外盼春风

玉门关最早是在汉武帝时期设置的，位置就在距离今甘肃省敦煌市西北80千米远的戈壁滩上。当年，谁要是想通过"丝绸之路"的北线，就一定得先经过这里。

玉门关遗址

友情提示，如果大家现在到玉门关遗址游览，可不要真的去寻找玉石做的门哟，因为玉门关是因古代西域的玉石经过这里进入中原内地，才有了这个名字。

现在，我们在玉门关遗址可以看到城关、烽燧、长城遗址等。核心区叫小方盘城遗址，其城墙组成了一座四方形小城堡，残留的土墙高度将近10米，占地大约600平方米，西、北墙各开一门。

如今，我们站在玉门关，北看长城，犹如龙游瀚海，意气勃发。我们坚信王昌龄在创作"孤城遥望玉门关"时是情由景生，而王之涣在创作"春风不度玉门关"时，也一定心怀梦想，希望温暖的春风有一天能吹到这里。

玉门关小方盘城遗址

阳关古城别故人

阳关,同样是在汉武帝时期设立的,位于今天甘肃省敦煌市西南70千米处的古董滩,是"丝绸之路"南线的必经关隘。

阳关的名字又有什么来头呢?古人在为地点命名时,会用"阳"来表示"南",阳关在玉门关的南边,所以就被叫作"阳关"了。阳关与玉门关之间有道路连通。

如今,曾经的阳关已经消失不见,只有墩墩山上的汉代烽燧还见证着过往的历史。当年是怎样的景致,才会引发了王维"西出阳关无故人"的感慨呢?

玉门关、阳关,是中国古代西域边疆与中原内地之间的交通门户,两关的"内"与"外",无论是自然景观还是人文景观都有着明显的差异。比起关内,关外不光有着不同的地理环

阳关烽燧

境,也是"春风不度""难逢故人"的地方。于是,质朴的玉门关、阳关,也从简单的地名变成了文化符号,变成了历史的记忆、情感的寄托,并在古往今来的文学作品中不断被反复吟诵,连通着古今……

知识加油站

唐诗中的地名(二)

凉州:出自王之涣的《凉州词》,是今甘肃省武威市。"凉州词"又特指唐朝时流行的一种乐府曲调。

鹳雀楼:出自王之涣的《登鹳雀楼》,在今山西省永济市蒲州镇,最开始因为楼很高,所以取名"云栖楼",后来因鹳雀经常成群栖息在楼上,所以又叫"鹳雀楼"。

青海:出自王昌龄《从军行》中的"青海长云暗雪山",指的是今青海省境内的青海湖。显然,青海是以颜色命名的,如果按照方位来说,这里以前也叫"西海"。

雪山:出自王昌龄《从军行》中的"青海长云暗雪山"一句,代指今天的祁连山。

楼兰：出自王昌龄《从军行》中的"不破楼兰终不还"一句，本是汉朝西域国名，都城即今新疆维吾尔自治区罗布泊西岸的楼兰古城，这里代指唐朝西北边境的少数民族政权。

龙城：出自王昌龄的《出塞》，也称"龙庭"，指古代匈奴单于的王庭，在漠北蒙古草原上。

芙蓉楼：出自王昌龄的《芙蓉楼送辛渐》，唐朝时在润州城西北角临江处，位于今天江苏省镇江市。

吴：出自王昌龄《芙蓉楼送辛渐》中的"寒雨连江夜入吴"一句，本为先秦时代的吴国，这里泛指今江苏省南部。

楚山：出自王昌龄《芙蓉楼送辛渐》中的"平明送客楚山孤"一句。先秦时代，越国灭吴国，楚国又灭越国，所以那一带的山岭可以统称"楚山"。

安西：出自王维的《送元二使安西》，是唐朝时设立的安西都护府，在今天新疆维吾尔自治区库车市一带。

渭城：出自王维《送元二使安西》中的"渭城朝雨浥轻尘"一句，范围在今天陕西省咸阳市东北，因渭河而得名。

李杜诗篇在，地名韵味长

"唐宋八大家"之首韩愈提到过"李杜文章在，光焰万丈长"，意思是说李白、杜甫的文章就像万丈光芒照耀着文坛。本文我们不妨改一改，聊聊"李杜诗篇在，地名韵味长"，说说小学《语文》课本中所选的唐朝"诗仙"李白与"诗圣"杜甫的有关地名的诗。

"扬州"惹出了大麻烦

先说李白的《黄鹤楼送孟浩然之广陵》：

故人西辞黄鹤楼，

烟花三月下扬州。

孤帆远影碧空尽，

唯见长江天际流。

黄鹤楼旧影（1880年）

李白的这首送别短诗，风格行云流水，让我们仿佛看到了烟花三月、孤帆远影、碧空如洗的美好景象。但今天我们要聊的，是诗中地名背后的典故惹出来的大麻烦，这是怎么回事呢？

这首诗中出现了两个地名，首先是黄鹤楼，位于今天的湖北省武汉市。传说三国蜀汉名臣费祎(yī)，深得丞相诸葛亮的器重，屡次出使孙吴，就连孙权也惊异于他的才能。后来在民间传说中，费祎得道成仙，他常常驾着鹤来到这座瞭望楼，于是这里就被叫作"黄鹤楼"了。

这首诗的题目中还提到了广陵。广陵是扬州市的旧称，唐朝时，扬州市有段时间就叫"广陵郡"，又因为黄鹤楼与扬州一水相通，所以诗中说"唯见长江天际流"也是合理的。那究竟是哪里惹出了麻烦呢？

其实，问题就出在"故人西辞黄鹤楼，烟花三月下扬州"所用的典故上。这个典故出自南朝梁人殷芸写的小说——"有客相从，各言所志：或愿为扬州刺史，或愿多资财，或愿骑鹤上升。其一人曰：'腰缠十万贯，骑鹤上扬州。'欲兼三者。"这个故事说的是：三国孙吴的时候四个哥们儿相聚，各自畅谈理想，一位想当官，另一位想发财，还有一位想成仙，轮到第四位了，他语出惊人："当官（上扬州）、发财（十万贯）、成仙（骑鹤），三个我都要！"

可问题是，这里涉及的"扬州"，无论是三国孙吴时的，还是南朝梁时的，都指的是今天的南京市，而李白诗歌中唐朝的"扬州"是今天的扬州市，虽然都叫"扬州"，却是不同时代的异地同名，说的完全不是一个地方！你可能会觉得一个南京一个扬州而已，也没造成什么影响，需要分得那么清楚吗？当然需要！就拿现实意义来说，因为李白的这首诗写得太好了，诗中的意境太美了，所以扬州的旅游节就叫"'烟花三月'国际

扬州风光　　　　　　　　　　　南京风光

经贸旅游节",扬州还想大做"腰缠十万贯,骑鹤上扬州"的旅游宣传呢。但另一边知根知底的南京呢,自然也是不肯让出这么重要的旅游资源,于是扬州与南京之间,经常为此打"口水战"。

地名考证的复杂,地名故事的有趣,可见一斑!

"诗圣"赶路很"神速"

再说杜甫的《闻官军收河南河北》:

> 剑外忽传收蓟北,初闻涕泪满衣裳。
> 却看妻子愁何在,漫卷诗书喜欲狂。
> 白日放歌须纵酒,青春作伴好还乡。
> 即从巴峡穿巫峡,便下襄阳向洛阳。

这首诗被誉为杜甫的"生平第一首快诗",都"快"在哪里呢?

首先,事情快乐:蹂躏百姓八年之久的"安史之乱"终于被平定,远在千里之外的诗人听到这个消息,喜极而泣。其次,心情快慰:漂泊异土他乡已经多年,马上就能带着妻儿踏上归途,诗人喜极而泣。最后,行程快捷:由长江到汉水,再由汉水到河南,诗人想象着顺畅的回家路,喜极而奔。

更加巧妙的是，杜甫这诸多的快意，是通过首联与尾联像串珠一样连起来的三对、六个地名来展现的。剑外，指的是剑门关南（今四川省剑阁县北大剑山口南），这里借指诗人当时所在的梓州（今四川省三台县）；蓟北，现在的北京一带，很早以前叫"蓟"，蓟北则泛指今天的北京市及河北省北部、辽宁省西南部一带；巴峡，是今重庆市长江巴江段的铜锣、明月、黄草三峡的统称；巫峡，在今天的重庆市巫山县东，是长江三峡之一；襄阳，是诗人的祖籍所在地；洛阳，是诗人阔别多年的故乡。

巫峡

巴峡、巫峡、襄阳、洛阳，两对，四个地名，场景快速变化，"即从""便下"更是体现了诗人迫切的心情，最后先"穿"再"向"，连续的动作，让质朴的地名也似乎焕发出了鲜活的生命与奔放的热情……

这些诗中的地名可以使诗句修辞典雅、音律抑扬，可以为诗句创造意境、烘云托月。同学们在吟诵唐诗时，要多多关注诗中的地名，查查这些地名都在哪里，又联系着怎样的人与事，相信你一定会收获良多！

知识加油站

唐诗中的地名（三）

天门山：出自李白的《望天门山》，是今天安徽省芜湖市东梁山与马鞍山市西梁山的合称，因为两山夹江对峙，好像天设门户，所以取名"天门山"。

楚江：出自李白《望天门山》中的"天门中断楚江开"一句，指今湖北省及其以东的长江河段，因为古代属于先秦楚国的统治范围，所以得名"楚江"。

西岭：出自杜甫《绝句》中的"窗含西岭千秋雪"，泛指成都市西面的岷山山脉，山顶积雪终年不化。

东吴：出自杜甫《绝句》中的"门泊东吴万里船"一句，或指长江下游地区，三国时这里属于"东吴"的统治范围；或指江苏省苏州市，"东吴"是苏州的别称。

锦官城：出自杜甫《春夜喜雨》中的"花重锦官城"一句，是四川省成都市的别称。古代的成都因为有主持织锦官员的官署，所以又被称为"锦官城"。

"四大名著"之地名也出名

小学《语文》五年级下册第二单元中选录了中国古典小说《水浒传》《三国演义》《西游记》《红楼梦》的片段。说到这里,有的同学立马就反应过来了:这是我们的四大名著!没错,这四部作品是非常经典的文学著作,值得登上大家的"好书必读"榜单。但你知道吗?在明清时期,它们被叫作"四大奇书","四大名著"这个叫法是二十世纪七八十年代以后才逐渐流行开来的。今天我们要了解的,就是出现在四大名著中的经典地名。

英雄云集在"梁山"

《水浒传》是中国历史上第一部用白话文写成的长篇章回体小说,一般认为它的作者是元末的施耐庵。这部作品通过一系列梁山好汉的故事,深刻揭露了北宋末年统治阶级的腐朽和残暴,呈现了当时的社会矛盾。

如果让我们用一句话概括《水浒传》,那一众英雄豪杰被"逼上梁山"应该是绕不开的字眼,我们就先到"梁山"一探究竟吧!

梁山指梁山泊,泊可以简单理解为湖。历史上,黄河多次决口,大量河水滚滚倾泻到梁山脚下,与曾经的巨野泽连成一片,形成了一望无际的湖泊,于是就有了梁山泊。当年,梁山好汉们正是凭借这片湖泊,啸聚山林,筑营扎寨,劫富济贫,上演了一幕幕惊天动地的侠义故事。

南宋时,由于黄河水不再汇入梁山泊,梁山周围泥沙沉积,湖泊变成平地。如今的东平湖,可能是原梁山泊唯一遗存的自然水域了。"逼上梁山"的故事,出现在《水浒传》第十一回,后来"逼上梁山"成为成语,比喻被迫起来反抗。

山东济宁水泊梁山风景区

《水浒传》里还有一些地名,由姓氏加村落名称组成,很是有趣。如"三打

第六章 文学地名 255

祝家庄"故事里的祝家庄,就是这样的地名。因此,如果一个人来自祝家庄,不用问也能知道,他大概率是姓祝。我们身边类似的地名还有石家庄、薛家营、苏家坨、杨家岭等。

如果我们把《水浒传》中的故事做一个"名气排行榜",那"武松打虎"肯定榜上有名。"打虎英雄"武松说自己是清河县人。最早的清河县是三国时曹魏设立的,今天,它是河北省南部的一个县。

在今天山东省聊城市阳谷县东部,有一个景阳冈旅游区。小说中,武松路过景阳冈,打死了一只老虎。不过,现在这里不是深山,只是一片在黄河泛滥冲积之下形成的沙丘,才十几米高,面积不到2平方千米,周围全都是大平原,一马平川,没有山石,也没有山洞,完全不适合老虎生存。这样的景阳冈又怎么可能会有老虎呢？所以,无论是祝家庄还是景阳冈,或许都是作者虚构出来的。

山东聊城阳谷景阳冈旅游区

斗智斗勇"长坂坡"

《三国演义》的作者一般认为是元末明初的罗贯中。小说以"宴桃园豪杰三结义"开篇,"桃园三结义"说的是刘备、关羽、张飞在桃园(今河北省涿州市南)结为异姓兄弟的故事。

小说中的精彩故事有很多,长坂坡就曾上演过精彩的一幕。当年,曹操和刘备在长坂坡对战,刘备作战失败,妻儿全都被困在乱军之中,赵子龙(赵云)三番五次冲入曹军阵营,才救回了甘夫人、阿斗等人。这时的赵子龙经过连番厮杀,早已人困马乏,根本没法儿继续战斗,可曹军依然紧追不舍,情势十分危急。幸好,当他们逃到长坂桥的时候,张飞据守桥头,救下赵子龙,拦下了追击的曹军。张飞还布下疑兵阵,虚张声势,吓退了曹军。长坂坡、长坂桥,都在今天的湖北省当阳市。

湖北当阳长坂坡遗址

妙趣横生"花果山"

《西游记》的作者是明朝中期的吴承恩。要说《西游记》中的地名,有趣的可不在少数,花果山就是其

当阳长坂坡的赵云雕塑

第六章 文学地名 257

中妇孺皆知的一个。《西游记》第一回就提到："海外有一国土，名曰傲来国。国近大海，海中有一座名山，唤为花果山。"小说中的花果山"四季好花常开，八节鲜果不绝"，仿佛人间仙境。

通过研究，大家普遍认为，小说中花果山的"原型"很可能就是今天江苏省连云港市的花果山。花果山上树繁叶茂，林壑幽深，奇峰异洞星罗棋布，风景绝佳，自古就有"东海第一胜境"的赞誉。山里的水帘洞更是被吴承恩描写成孙悟空的老家，吸引人们都想前去体验一番。

江苏连云港花果山景区

《西游记》虽然是神话小说,但也参考了玄奘《大唐西域记》的相关内容。这一点,从"女儿国"的故事中可见一斑。从《西游记》中女儿国的地理位置、风俗民情来看,它的"原型"就是《大唐西域记》《旧唐书》《新唐书》等史书上记载的东女国。东女国的中心在今天四川省丹巴县一带。"女儿国"的故事听起来似乎不可思议,但实际上它体现的是母系氏族社会的特征,云南泸沽湖的摩梭人至今仍然保留着母系社会的风俗特征,感兴趣的同学可以进一步查阅资料。

常读常新逛"随园"

《红楼梦》的作者是清朝的曹雪芹。这部作品中的地名又有什么特别之处呢?有人认为,《红楼梦》中不少地名的"原型"都在今天的江苏省南京市。这个观点是有实在依据的。

首先,曹雪芹的祖父曾担任江宁织造一职,治所就在今天的南京市。而南京又叫"石头城",恰好《红楼梦》的原名就是《石头记》。其次,与曹雪芹同时代的江宁知县袁枚,曾在他写的《随园诗话》中说:"雪芹撰《红楼梦》一部,备记风月繁华之盛。中有所谓大观园者,即余之随园也。"这里提到的"随园",说的就是曹雪芹的祖父住过的园子,后来几经辗转被袁枚购买,加以改造,并更名"随园"。但有人认为,袁枚的说法不对,大观园并不是随园。小说中,大观园是贾府为元春省亲而修建的别墅，俨然皇家园林一般。

今天，随园的遗址或遗迹在南京市已经找不到了，但以"随园"为名的地方却还存在，比如南京师范大学的老校区就称"随园校区"。《红楼梦》这部小说的影响太大，所以北京、上海等地也建造了大观园景点，大家可以去实地参观、感受一下哟！

南京师范大学随园校区

知识加油站

宋元明清诗词中的地名

望湖楼：出自北宋苏轼的《六月二十七日望湖楼醉书》，创作于1072年。在今天的杭州西湖东北部、断桥东侧。

蕲(qí)水、清泉寺、兰溪：出自北宋苏轼的《浣溪沙》。蕲水，县名，即今湖北省浠水县。清泉寺在蕲水县城郭门外一里。兰溪，指今浠水县境内的浠河，在县城的流向是自东向西，因为一般的江河都是自西向东流，苏轼由此表达出了暮年可以返回青春的人生感悟。

三衢：出自宋朝曾几的《三衢道中》，指三衢山，在今浙江省衢州市常山县北，衢州即因三衢山而得名。

黄沙：出自南宋辛弃疾的《西江月·夜行黄沙道中》，指今江西省上饶市西南的黄沙岭。

新市、徐公店：出自南宋杨万里的《宿新市徐公店》。新市，即今浙江省湖州市德清县东的新市镇。徐公店，可能是徐姓人家开的酒店，具体地址如今已经找不到了。

洗砚池：出自元朝王冕的《墨梅》中的"我家

洗砚池头树"一句，或说在今浙江省绍兴市，或说在今山东省临沂市。洗砚池得名于王羲之幼年刻苦练字，常在池中洗刷砚台的故事。考虑到王冕是诸暨（今属浙江省）人，这首诗中的洗砚池应该在绍兴市。

榆关：出自清朝纳兰性德的《长相思》中的"身向榆关那畔行"一句。榆关又称渝关，因在渝水之旁而得名，即今河北省秦皇岛市抚宁区榆关镇。明朝初年大将军徐达将榆关之"关"移至今河北省秦皇岛市东北的山海关，所以山海关又有"榆关"的别名。

成语与地名

在小学《语文》课本里，有不少成语都涉及了地名。地名的含义是广泛的，成语的表达是精练的。当内涵丰富的地名浓缩进简短有力的成语中，又会碰撞出哪些有趣的火花呢？

古人说"实在没必要"

大家知道河北省邯郸市吗？这个城市完全可以用年代久远来形容，因为它从先秦以来就从来没有改过名字。

"邯郸学步"这个成语故事就发生在邯郸市。战国时期，燕国有位少年来到赵国的都城邯郸，看见赵国人走路姿势很美，

河北邯郸丛台公园

他就跟着学了起来，结果非但没有学会，反而连自己原来的走路姿势也忘掉了，只好爬着回到燕国。后来就有了"邯郸学步"这一成语，也作"学步邯郸"。听起来是不是有点儿滑稽？如果能和故事中的人物对话，你一定要告诉他：没必要盲目向别人学习，自信地做自己也很好。

邯郸学步

神州大地到处都有有趣的成语故事，含有地名的成语还有"杞人忧天"。

河南省开封市杞县在很久以前是杞国都城。杞国有个人，每天都会无缘无故地担心天会塌下来、地会陷下去，没有地方可以安全居住，以至于吃不下饭、睡不好觉。如果你觉得他的担心很不可思议，那就对了！古人就是想通过杞人忧天的故事告诉我们，不要毫无根据地忧虑和过分担心，否则既自扰又扰人，没必要，实在是没必要！做人呀，就应该快乐开心地生活。

古人说"瞧瞧这大智慧"

战国年间，赵惠文王得到了楚国遗失的和氏璧。秦昭襄王也很想得到这块稀世珍宝，于是派人来说愿意以十五座城池交换。赵惠文王感到为难，因为秦国历来不讲信誉，就算真的把和氏璧给了秦国，秦国也不会信守承诺。但如果不给，赵惠文王又怕被秦国抓住把柄，那岂不是白白提供了一个让秦国出兵来犯的借口？正在赵国进退两难的时候，机智的蔺相如出现了。

他出使秦国，先把和氏璧交了出去，发现秦昭襄王根本没打算拿出十五座城池，蔺相如机智地说："大王，这块璧虽然很珍贵，但其实有点儿小毛病，别人很难发现，让我来指给您看。"蔺相如拿到和氏璧以后赶忙向后退了几步，争辩着说如果秦国想把和氏璧抢过去，他就摔碎这个宝贝。秦昭襄王只好妥协。就这样，蔺相如毫发无损地又把和氏璧完好地带回了赵国，既保全了玉璧，也没落下把柄，还为赵国赢得了好名声。蔺相如这一番漂亮的操作，谁听了不感慨一句："实在是高！"此

完璧归赵

后,又发生了"渑池(今河南省渑池县)会"的故事,秦王想要侮辱赵王,因为蔺相如的周密安排而未能得逞,加上廉颇已在军事上做好了准备,秦国只得作罢。

"完璧归赵"的故事发生在今天的陕西省西安市,经典的成语故事走过漫长的时间长廊,不仅向我们展示了古人的智慧,还向我们诉说着一座城市的历史。像这样与地名联系密切的励志成语还有"铁杵成针",接下来让我们一起前往四川省,去看看南宋祝穆编纂的《方舆胜览》中记载的一个有趣的小故事吧!

据说当年李白在象耳山(在今四川省眉山市彭山区东北)上读书。书还没有读完,李白就打算放弃了。他下山过一条小溪(磨针溪)时,看见一位老婆婆正在溪边的石头上磨一根铁棒,就问老婆婆在干什么,老婆婆回答:"我在磨针呢。"李白吃惊地问:"铁棒这么粗,怎么能磨成针呢?"老婆婆说:"只要天天磨,总能越磨越细,还怕磨不成针吗?"聪明的李白听后,恍然大悟，觉得老婆婆说得很有道理，倍感惭愧，于是回到山上的学馆继续学习，最终完成了学业。

按照现代人的思维，将一根铁棒磨成一根绣花针，这不是明显的浪费吗？既浪费了一根铁棒，又浪费了宝贵的时间。对老婆婆来说，做事也应该讲究效率啊！其实，这个成语故事想要表达的主题和"愚公移山"差不多。"只要功夫深，铁杵磨成针"，更多的是想告诉我们，只要有恒心，有毅力，做任何事情都能成功。反之，如果工作、学习或者是做别的事情，总是"三天打鱼，两天晒网"，努力得少，荒废得多，自然就很难见效，难以成功。所以，世间万事都贵在持之以恒。同学们有机会去当地旅游，可别忘记再用心感受一下哟！

知识加油站

奇怪的地名

有关奇怪的地名的讨论声一直都没有停止过。邯郸黄粱梦镇、杭州立马回头、镇江万古一人路、赤峰克什克腾旗宇宙地镇、塔城托里县宝贝、南京神马路、长春冰淇淋胡同、芜湖冰冻街、宁波冷静街、六安金寨六月冻死鸡、合肥肥西狗屎窝、萍乡芦溪绝望坡……这些地名到底为什么如此奇怪？同学们不妨化身小侦探，一查究竟吧！

《长征》字字有乾坤

小学《语文》六年级上册中收录了毛泽东主席的一首诗《七律·长征》：

红军不怕远征难，万水千山只等闲。
五岭逶迤(wēi yí)腾细浪，乌蒙磅礴走泥丸。
金沙水拍云崖暖，大渡桥横铁索寒。
更喜岷山千里雪，三军过后尽开颜。

读完这首诗，我们眼前仿佛浮现了这样的画面：湍急的江水挡不住红军远征的脚步，高山险峰也被远远抛在身后。翻越大雪山的红军战士,脸上洋溢着胜利的笑容。这首诗气贯长虹,既写出了长征的艰难,也表达了红军不畏艰险、敢于战胜一切困难的乐观精神。让我们一起跟随诗人的文字,"打卡"长征路!

六盘山红军长征纪念馆的红军过雪山场景

无法测量的距离

人们常说,长征是人类历史上的伟大奇迹,中央红军走过荒草地,翻过雪山,行程约二万五千里。"二万五千里"这个数字让长征的一路艰辛变得异常具体。但大多数人并不知道,"二万五千里"不是真实测量出来的,而是一个汇总数据。

事实上,红军在长征途中打的是运动战,为了作战需要,他们常常迂回穿插、重复走路,比如乌蒙山回旋战、四渡赤水、三过草地等。另外,在行军途中,红军还要做群众工作、侦察、掩护……再加上走错路的情况,这些路程很难数得清。因此,"二万五千里"只是粗算的距离,红军从闽西、赣南等地出发一路到陕北,称为跨越万水千山,也毫不夸张。

专挑难走的路

"五岭逶迤腾细浪",这里的"五岭"指的是坐落在江西、湖南与广东、广西之间相连成片的群山地带,具体包括大庾(yǔ)岭、骑田岭、萌渚(zhǔ)岭、都庞岭、越城岭。1934年10月底到11月初,红军踏上长征路之初,走的就是这五岭山区。这里的平均海拔都在1000米以上,峰峦险峻,山路崎岖,难于通行。

为什么红军要走这么崎岖的山路呢?原因很简单,只有走最难走的路,才可以避开国民党军队的围追堵截。

不幸的是,1934年11月底到12月初,红军主力与约30万人的国民党军之间爆发了彪炳史册的湘江战役(此处"湘江"是指湘江的上游地区)。在这次战役中,由于物资匮乏和战

表现红军长征出发的邮票

略战术的失误,我方损失惨重,不得不修改行军路线,从往湘西转移改为向贵州行进。

1935年1月,红军攻占贵州遵义,中共中央政治局决定召开扩大会议,纠正了军事指挥上的错误。遵义会议之后,红军从被动变主动,为长征奠定了从失败走向胜利的基础。1935年4月,红军到达四川、贵州、云南交界的乌蒙山区,也就是诗中"乌蒙"一词指代的区域。这里平均海拔更高,达2500米,山势更加挺拔陡峭,但同样被英勇的红军战士所征服。

1935年5月,红军的主力部队进入云南,来到了诗中提到的第三个地点——金沙江。7天7夜之间,毛泽东指挥英勇无畏的红军战士巧妙周旋,避敌锋芒,仅凭7只渡船就将2万红军战士全部渡过金沙江,掌握了长征战略转移的主动权!半个多月后,红军两支队伍又在四川省石棉县安顺场和四川省泸定县分别强渡大渡河、飞夺泸定桥。

当时,要想到达大渡河,一共有两条路。一条是"官道"大路,另一条则是崎岖又凶险的密林小道,并且还要经过彝族聚居地区。敌人断定红军不敢走险路,于是信心满满地在"官道"大路上部署了重兵。但让敌人万万没想到的是,红军专挑难走的路!带着党的民族平等政策,红军先遣队的刘伯承司令员用真诚成功地与彝族人民建立了良好关系,顺利通过彝族聚居地区,到达了安顺场的大渡河边。

5月25日,红军强渡大渡河,经过奋战成功控制了渡口,但大渡河水流湍急，红军主力靠小船摆渡会浪费很多时间，必须到上游寻找一处能让大部队快速过河的地方，于是就有了飞夺泸定桥的激烈战斗。

泸定桥由13根铁索构成，铁索上原本铺有木板，在红军持续强攻下，敌人惊慌失措，竟然放火烧了铁索桥上的木板，22名英勇的红军战士冒着大火奋勇冲锋，终于成功夺取泸定桥，保证了红军顺利过江。

两场惊心动魄的战斗，也是两场至关重要的胜利，为红军开辟了一条北上通道，保存了党和红军的骨干力量。大渡桥横铁索寒，又如何？也抵不过红军撼天动地的斗志！

刘伯承授予小叶丹的红军支队队旗

飞夺泸定桥
红军飞夺泸定桥纪念馆浮雕

"岷山"不止一座

红军长征翻越大雪山,历经艰难曲折,伤亡很大。红一方面军爬过的雪山有5座;红二方面军爬过的雪山有9座,最高的雅哈雪山海拔超过5300米;红四方面军爬过的雪山有13座。

更喜岷山千里雪。不过,这里的"岷山"指的可不是一座山,而是甘肃和四川交界处一条绵延700多千米的山脉,因此也称为"千里岷山"。千里岷山海拔最高处有5500多米高,终年积雪,其中较有名的大雪山就有夹金山、梦笔山、长板山、打古山、拖罗岗5座。其中,夹金山是红军在长征路上遇到的第一座大雪山。

1935年9月,在岷山山脉的腊子口战斗结束后,中央红军终于迎来坦途,在甘肃省陇南市哈达铺得到休整,次月到达陕北。1936年10月,红二方面军、红四方面军到达六盘山西侧的甘肃省会宁县,同中央红军会师。红军三大主力会师,标志着万里长征的胜利结束!

三军过后尽开

甘肃会宁的红军三大主力会师纪念塔

颜。红军战士人人心情开朗，笑逐颜开。这是胜利的喜悦，更是对未来充满希望和向往的欢笑。这样的喜悦，在毛泽东主席《清平乐·六盘山》"六盘山上高峰，红旗漫卷西风"等词句中，也表达得淋漓尽致——胜利终将属于党和人民的正义事业！

知识加油站

现代文学作品中的地名

大柏地：出自毛泽东的《菩萨蛮·大柏地》，在江西省瑞金市北部的大柏地乡。这里地势险要，易守难攻。有名的大柏地战斗就发生在这里。1929年2月10日到11日，毛泽东、朱德率领的红四军在这里粉碎了国民党军队的进攻。

筑渝：出自巴金的《筑渝道上》，"筑"是贵阳市的简称，"渝"是重庆市的简称。贵阳在明朝先后为贵筑司、贵筑乡，清朝为贵筑县，所以简称"筑"。从隋朝到宋朝，重庆大多称"渝州"，所以简称"渝"。

鹅山：出自吴冠中《父爱之舟》里的"鹅山高小"，在今江苏省宜兴市和桥镇。

呼兰河：出自萧红的《呼兰河传》，指的是位于黑龙江省的松花江支流呼兰河，"呼兰河这小城"则是指今天的哈尔滨市呼兰区。

油麻地：出自曹文轩《芦花鞋》里的"油麻地镇"，只不过这个油麻地镇是虚构的，真实的"油麻地"在香港九龙半岛西部。以前的渔民习惯在这里晾晒船上的麻缆，渐渐地，就有了许多经营桐油和麻缆的店铺，所以有了"油麻地"这个名字。你有没有觉得，油麻地的形成过程有些熟悉呢？没错，前面介绍过的北京琉璃厂文化街就是这样！因为进京赶考的学子都住在那一带，那里就有了很多卖文具和书籍的店铺，后来渐渐成为著名的文化街。

附录一：探索更多地名知识

在前面的正文部分，我们已经了解了小学《语文》课本中的大多数中国地名。但还有一些中国地名也在课本中出现了，它们不易被分类放到前面的章节中，我们本着将课本中的地名"一网打尽"的创作初衷，将这些地名单独列出来进行解读。

合肥

合肥因东淝水、南淝水合流于此而得名。它原来是一个普通的城市，1949年后成为安徽省的省会。合肥市内有不少名胜古迹，例如逍遥津公园、包公祠、城隍庙、李鸿章故居、渡江战役总前委旧址等。

张家口

河北省的张家口市在历史上是著名的军事重镇，以明朝张姓居民迁徙到东高山、西高山之间的隘口而得名，市内的名胜古迹有万里长城等。

陈巴尔虎旗

我们都知道，边疆城市是国家的大门。在内蒙古自治区，有美丽的呼伦贝尔大草原，草原上有陈巴尔虎旗，隶属于呼伦贝尔市。"巴尔虎"是蒙古族中相当古老的部落，唐朝文献将其记载为"拔野古"。巴尔虎部落曾世代游牧于贝尔湖畔，清康熙年间，部落的一部分被编入八旗，雍正年间又分为陈巴尔虎、新巴尔虎。这便是今天陈巴尔虎旗的由来。

山南市、琼结县

在雪域西藏，山南市是西藏古文明的发祥地之一，因位于冈底斯山至念青唐古拉山以南而得名，拥有600多千米长的国界线，具有十分重要的战略位置。

山南市有个县城叫琼结县,对于"琼结"在藏语中的含义,有一种说法是"房角悬起多层"的意思,形容房舍多而繁华。琼结县地处西藏南部,三面环山。县城内有许多文物古迹,其中比较著名的有藏王墓等。

三沙

在我国广阔的海域中,南海诸岛是我国的南大门,由西沙群岛、中沙群岛、南沙群岛、东沙群岛在内的200多个岛、礁、沙、滩组成,其中前三个群岛由海南省管辖,东沙群岛由广东省管辖。中国为了加大对南海的管辖力度,海南省于2012年成立了三沙市(地级市),2020年三沙市又设立了西沙区、南沙区两个市辖区。

高雄

在中国台湾省西南部,有个城市叫高雄,原名"打狗",日本殖民统治时被改为"高雄"。高雄港是中国少见的天然良港,实际上是一个狭长的海湾,总长12千米。清光绪元年(1875)建成的旗后炮台扼守于此。

日月潭

日月潭是位于中国台湾省中部的比较著名的湖泊,以光华岛为界分南北两部分,北部的形状如圆日,南部的形状如弯月,故名日月潭。

20世纪30年代,日月潭上建立了一座水库,使湖面面积由原来的5.5平方千米扩大到7.73平方千米,导致北部的湖泊形状不再形似圆日,南部的湖泊形状也变得像一片枫叶了。在1999年"九二一"大地震中,光华岛已被震塌,十分可惜。

燕山

出自唐朝李贺《马诗二十三首·其五》中的"大漠沙如雪,燕山月似钩",这里的燕山指的是燕然山,即今蒙古国的杭爱山,借指边塞。

松岭

在小学《语文》课本六年级上册的习作例文中,有一篇名为《小站》的文章,其中的车站原型就是文中插图展示的松岭站。松岭站位于吉林省临江市花山镇,该地属于长白山区。目前,松岭站已经没有客运火车停靠了。

九成宫

九成宫位于今陕西省宝鸡市麟游县新城区,始建于隋开皇十三年(593),两年后竣工,最初的名字是"仁寿宫",是隋文帝的离宫。到了唐贞观五年(631)时,这里被修复扩建,更名为"九成宫"。"九成"是"九重"或"九层"的意思,表示它的高大。到了唐高宗时,这里又改名为"万年宫",意思指颐和万寿,后来又恢复了原名。

在后来的一场暴雨中,九成宫被冲毁,现在仅存其遗址。唐朝欧阳询的著名书法作品《九成宫醴泉铭》,就与九成宫有关,记载了唐太宗李世民在九成宫避暑时发现泉水的故事。

玄秘塔

唐朝的一部书法作品《玄秘塔碑》,是书法史上值得称道的作品,作于唐会昌元年(841)。玄秘塔指的是一座佛塔。《玄秘塔碑》由宰相裴休撰文,柳公权书写而成,共28行,每行54字,陈述了大达法师在德宗、顺宗、宪宗三朝所受的恩遇。

现在,《玄秘塔碑》原件保存于今陕西省西安市碑林。这部作品笔法锐利,笔画粗细变化多端,特征分明,是柳公权书法创作生涯中的一座里程碑,标志着"柳体"书法的完全成熟,历来被作为初学书法者的范本,对后世产生了深远的影响。

国子监

晋武帝司马炎设立国子学,到隋炀帝时改称国子监。唐宋时期,国子监是国家的教育管理机构,最高负责人的官职名叫"祭酒"。到了明清时期,国子监兼有国家教育管理机构和最高学府的双重性质。

今天,北京城内还有国子监遗址呢。如果有机会去北京旅游,你可以去那里参观。

扶桑

扶桑是古代神话传说中的地名,有记载称,它位于中国的东部,因当地盛产扶桑木而得名。传说中的扶桑树长得非常高大,叶子像桑叶,并且两棵树从同一个根生出,它们相互依靠,这也是"扶桑"名字的由来。

燧明国

燧明国是上古传说中的国名。传说这个地方有火树,名叫燧木,它的树枝可用于钻木取火。后世的圣人通过钻木取火,用火将食物烤熟,去掉了食物中腥臊的味道,让人们吃上了熟食,延长了寿命。圣人指的是"燧人氏"。

地名拼音

在小学《语文》课本六年级上册第一单元的"语文园地"中,有一道关于路牌上的地名拼音的题,其中提到了"复兴路(FUXING

LU）""顾榭（GUXIE）""北皂（BEIFU）"等地名。其实这道题的目的是让同学们学习中国地名汉语拼音的拼写方法。

依据2022年5月1日起施行的最新版《地名管理条例》，"地名的罗马字母拼写以《汉语拼音方案》作为统一规范，按照国务院地名行政主管部门会同国务院有关部门制定的规则拼写"。在拼写规则中，由"专名"（如复兴路中的"复兴"）与"通名"（如复兴路中的"路"）构成的地名，专名与通名要分开拼写（如FUXING LU）；而不易区分专名与通名的地名，则用汉语拼音连写，如顾榭写作GUXIE、北皂写作BEIFU。你学会了吗？

地名对联

对联，又称楹联或对子，是中华传统文化中的瑰宝。那你知道地名对联吗？地名对联是对联的一种，非常有趣。

乾隆皇帝下江南时路过通州（今江苏省南通市）时出了上联：南通州北通州，南北通州通南北。那下联是什么呢？纪晓岚对出了下联：东当铺西当铺，东西当铺当东西。在纪晓岚之后，有人也对出了其他下联，比如：东天竺西天竺，东西天竺天东西；东运河西运河，东西运河运东西。

晚清时期反映民怨的地名对联：宰相合肥天下瘦，司农常熟世间荒。"宰相"指合肥人李鸿章，"司农"指常熟人翁同龢（hé），此对联中"肥"与"瘦"、"熟"与"荒"形成鲜明对比，非常巧妙。

你能根据这些对联的上联对出不同的下联吗？

附录二：课本中的外国地名

你知道吗？在小学《语文》课本里，除了丰富多彩的中国地名，还有不少外国地名呢。对于中国地名，尤其是其中的汉语地名，我们"望文生义"一番，往往不难理解；对于外国地名，我们经常接触的是它们的英文名，这名字由一堆字母组合而成，而这一堆字母，可能还经过了多次转写，所以常常难以追溯它们的最初含义。

接下来，我就尝试着以"条目"的形式，简单解释小学《语文》课本中出现的亚洲、欧洲、美洲、非洲的几十个地名。同学们注意了，首先，这些地名所括注的都是其英文名，实际上它们所属的语系非常复杂；其次，这些地名的语源及其演变，你们现在搞不清楚，没有关系，等以后再慢慢了解；最后，这些地名大多不能按其中文名"望文生义"，否则会闹出"没文化"的笑话。

亚洲地名

亚洲（Asia）

全名亚细亚洲，面积4400万平方千米，是世界第一大洲。一般认为其名来自亚述语的asu（亚苏），意思是太阳升起的地方。古代威尼斯人把所有地中海以东的国家称作Asu。后来，Asu被读成Asia（亚细亚），并逐步指称整个亚洲。

在地理上，亚洲又分为东亚、东南亚、南亚、西亚、中亚和北亚6个地区。那我们的国家在哪里呢？大家肯定知道，我们的国家在东亚。此外，东亚还包括朝鲜、韩国、蒙古国、日本。其他的亚洲地区如东南亚包括越南、老挝、柬埔寨、缅甸、泰国、马来西亚、新加坡等国家，北亚指俄罗斯的西伯利亚地区。

朝鲜（the Democratic People's Republic of Korea）

东亚国家。据称公元前5到4世纪时，有古朝鲜国。1392年，李成桂建立李氏王朝，定国名为朝鲜，意思是朝日鲜明之国或晨曦清亮之国。例如《东国舆地胜览》指出："国在东方，先受朝日之光辉，故名朝鲜。"另外，《朝鲜之歌》开头的两句是："早晨的太阳光万道多鲜艳，我们的国家因此起名叫朝鲜。"在朝鲜语中，"朝"字读作zhāo，今天被转读成了cháo。

另外，朝鲜曾有一个别称，叫三千里江山，你知道是怎么回事吗？原来，朝鲜半岛南北长2100朝鲜里（合840千米），东西最长为900朝鲜里（合360千米），两者相加恰好是3000朝鲜里，故有此称。

日本（Japan）

东亚岛国，在西北太平洋上。日本原名是Yamato，即大和，在日语中，yama意思为山，to意思为地方，所以Yamato就是多山的地方，是以地形命名的国名。日本曾被称为"倭国"，这源于"倭"字的日语读音与大和相同，后来日本人也使用"倭国"这个名称。645年，孝德天皇即位，通过"大化改新"，建立了中央集权制国家，并改"倭国"为"日本"。

这在我们国家的史籍中还有记载呢，如《旧唐书·东夷传》记载："以其国在日边，故以日本为名。或曰倭国自恶其名不雅，改为日本。"《新唐书·东夷传》记载："日本，古倭奴也……后稍习夏音，恶倭名，更号日本。使者自言，国近日所出，以为名。"简而言之，"倭"在日语中本无贬义，而等到日本接受中华文化后，觉得"倭"字不雅，于是取"日出之国"之意，改名为"日本"，其民族则仍称大和。

新加坡（Singapore）

东南亚马来半岛南端的岛国。12世纪中叶起称Singapore，旧时被翻译为信诃补罗，后来被翻译为新加坡，来自梵文，singa是狮子的意思，pore意思为城，新加坡即狮子城。关于其名称来源，一种说法认为岛的形状像一头坐着的狮子；另一种说法认为1150年前后，室利佛逝国（今印度尼西亚苏门答腊岛）的槃（pán）那王子乘战舰从巨港出发，到达此岛时，看见一头威武雄壮的狮子，认为这里是块吉祥之地，故有此名。

如果有机会去新加坡，你会发现那里有很多"老乡"，他们是新加坡的华人。目前新加坡华人的数量超过总人口的70%，这是宋元以来中国人"下南洋"的结果。另外，新加坡还有"星岛""星洲"的别称，这是指其国土面积小如星斗。今天的新加坡，总面积为690多平方千米，其中主岛面积为580多平方千米。

印度（India）

南亚国家。India一词，来源于印度河的梵文名称sindhu（信度），后来变音为hindu（兴都），原意是大水、大河。

印度在中国史籍《史记》《汉书》中被称为"身（yuān）毒"，在《后汉书》《新唐书》《宋史》中被称为"天竺"。唐僧玄奘在《大唐西域记》中说："今从正音，宜云印度。印度之人，随地称国，殊方异俗，遥举总名，语其所美，谓之印度。印度者，唐言'月'。月有多名，斯其一称。"由此可见，"印度"是玄奘首次音译的，它在梵文中既有月亮的含义，又是美好事物的通称。另外，"印度"是对外的名称，印度自称自己的国家为婆罗多（Bharat），这是婆罗多王室的称号。

阿拉伯世界（Arab world）

"阿拉伯"一词，最初出现在公元前853年的亚述碑文中，被写作aribi，指叙利亚沙漠的游牧部落贝都因人。

在希伯来语和阿拉伯语中，"阿拉伯"的意思是沙漠。另外的说法，作为阿拉伯人的自称，"阿拉伯"的意思是有能力的人。阿拉伯人原住在阿拉伯半岛，7世纪伊斯兰教兴起后，建立了横跨亚、非、欧三洲的阿拉伯帝国。

中国古籍中的"大食""天方"，有时专指阿拉伯帝国，有时泛指阿拉伯国家。"大食"来自阿拉伯部族的音译，"天方"可能是"天房"（沙特阿拉伯麦加圣寺内一座方形石殿）的谐音。今天我们习惯上说的阿拉伯世界，则包含西亚、北非等以阿拉伯民族为主的20多个国家。

西伯利亚（Siberia）

泛指北亚地区的一片广阔地带，介于乌拉尔山脉与太平洋之间。依据地形，西伯利亚又分为西西伯利亚平原、中西伯利亚高原、东西伯利亚山地三个部分。

关于西伯利亚名称的来源，有很多说法：一说来自中国古代东北民族鲜卑，西伯利亚是"鲜卑"的音转，意思是祥瑞或瑞兽；二说得名于16世纪西伯利亚汗国的首都西伯尔（今俄罗斯托博尔斯克附近）；三说是古代俄罗斯对俄语"北方的"的讹传；四说来源于蒙古族神话中的神山名称；五说来源于蒙古语，即沼泽地的意思。

延伸阅读：地名也会"出国"

世界上的许多国家，都具有包含中国色彩的地名。如政区通名，朝鲜、韩国、日本、越南的道、府、郡、县等的命名，是从中国学去的；再如政区专名，朝鲜有大同、会宁、淮阳、大兴、伊川、延安等，韩国有襄阳、江陵、奉化、咸阳、丽水等，日本有洛阳、松江等，越南有太原、重庆等，其中既有刻意的模仿，也有无意的巧合，而即便是巧合，也反映了"汉字文化圈"的广泛影响。

欧洲地名（上）

在小学《语文》课本中，涉及的欧洲地名将近30个，这里分成两个部分，给读者们简要介绍一番。

欧洲（Europe）

全称欧罗巴洲，面积1016万平方千米，是世界第六大洲。欧洲名称的起源与亚洲名称有一定的关系。在亚述语中，爱琴海以西的地中海一带被称为ereb，意思是太阳落下的地方；爱琴海以东的地区则被称为asu，意思是太阳升起的地方（亚洲）。

在中国《明史》中，欧洲被写作"欧罗巴"。在地理上，欧洲分为东欧、南欧、西欧、中欧和北欧5个地区。

俄罗斯（Russia）

全称俄罗斯联邦，位于欧亚大陆北部，地跨东欧、北亚，面积1700多万平方千米，是世界上地域最辽阔的国家。国名来源于占其人口多数的俄罗斯民族名称。"俄罗斯"一词是从"罗斯"演变而来的。

9世纪，"罗斯"始见于史籍，其名称的原意可能是划船者，这源于中世纪时斯堪的纳维亚半岛南下的瓦兰几亚人，划船逆流进入东欧的事迹。中文译名俄罗斯，则由蒙古语转译而来。

苏联（Soviet Union）

旧国名，全称苏维埃社会主义共和国联盟，简称苏联。1922年12月30日，俄罗斯、乌克兰、白俄罗斯和外高加索联邦（后撤销）4个苏维埃社会主义共和国组成苏维埃社会主义共和国联盟。后来，土库曼斯坦、乌兹别克斯坦、立陶宛、爱沙尼亚等陆续加入，共由15个加盟共和国组成。1991年12月苏联解体。

苏维埃是俄语的音译，原意是会议，特指劳动者代表会议，这是俄国无产阶级创造的领导群众进行革命斗争的组织形式。

希腊（Greece）

南欧国家，最初是指古代塞萨利亚地区的一小块土地，意思是希伦人居住的地方，后来延伸至中希腊，直至希腊全境。中文译名希腊是希腊文的对音，英文名Greece来源于意大利语，是古代居住在今希腊西北部和阿尔巴尼亚南部的另一部落名，此部落名来源于印欧语系的gra，意思是可尊敬的人，在意大利语中此名指称整个国家，后来被西方各国沿用。

意大利（Italy）

南欧国家。公元前5世纪，亚平宁半岛南部卡拉布里亚地区居住着Vituli部落，其名称原意是牧羊场。后来，希腊人来此殖民，将该部落名改称为Italoi。公元前2到1世纪，罗马人借用希腊人的称呼用来指称半岛的众多部落，并用拉丁文后缀-ia替代希腊文后缀-oi，Italia于是作为地理名称开始出现，后来指称整个亚平宁半岛。19世纪,意大利王国统一后,Italia成为正式国名。

西班牙(Spain)

南欧国家。关于其名称的来源,说法有很多。一说来源于腓尼基语,意思为野兔,因为西班牙所在的伊比利亚半岛海岸一带有很多野兔,它们常常吃当地的庄稼;二说来源于巴斯克语,意思为边疆、海岸;三说来源于希伯来—腓尼基语,意思为埋藏,后来意思转变为矿藏。伊比利亚半岛盛产金、银、铜等矿产,腓尼基人远道来此,就是为了掠夺金、银等财富。

英格兰(England)

西欧岛国,又称英吉利。由于英格兰是英国(大不列颠及北爱尔兰联合王国,简称联合王国)领土的主要部分,所以习惯上英格兰一词也泛指英国。England来源于Englaland,意思是盎格鲁人的土地。盎格鲁人原居住在今德国北部一角落,5到6世纪时,盎格鲁人入侵不列颠群岛,并把不列颠群岛称为Englaland。第二次世界大战之前,英国是世界上拥有殖民地最多的国家,号称"日不落帝国"。

荷兰(Netherlands)

西欧国家,也称尼德兰。荷兰(Holland)原来为省名。16世纪时,为了反抗西班牙的统治,荷兰省联合附近几个省,组成尼德兰联合省。由于荷兰省在尼德兰联合省所处的优势支配地位,欧洲许多国家便以省名荷兰替代国名尼德兰,中文译名也由此而来。

关于Holland的来源,一说可能是从日耳曼语holt(森林)演变而来,古代这里林木参天、绿荫遍地;一说是由丹麦语ollant演变而来,意思为潮湿。尼德兰由荷兰语neder(低地的)、land(土地)

287

组成,意思为低地国家。尼德兰(荷兰)全境为低地,三分之一的土地海拔不超过1米,四分之一的土地低于海平面。

法兰西（France）

西欧国家,简称法国。公元前5世纪,因高卢人居住在今法国境内大部地区,所以这一地区被称为高卢。3世纪末,散居在莱茵河下游一带的日耳曼族法兰克人入侵高卢。5世纪末,法兰克部落首领克洛维占领了北方高卢,成为法兰克王国首任国王。法兰西国名即来源于法兰克王国名。英文名France则由拉丁文Francia演变而来。

捷克（Czech）

中欧国家。关于其国名的来源,一说在捷克语中意思为起始者;二说由意思为人群或军队的捷克语转变而来;三说来自率众定居于此的部落首领的名字。

德意志（Germany）

中欧国家,简称德国。英国人把德国称为Germany,意思为日耳曼人的土地。Germany又源于凯尔特语,意思为山林居民或森林里的人。德国人则自称Deutschland,意思是人民的土地,中文被翻译为德意志。

第二次世界大战后,苏、美、英、法根据《波茨坦协定》分区占领德国。苏联占领区演变为德意志民主共和国(习称东德),美、英、法占领区演变为德意志联邦共和国(习称西德)。1990年东、西两德统一,称德意志联邦共和国。

奥地利（Austria）

中欧国家。8世纪后期,这里是查理曼帝国的"东方边区",因其

288

在查理曼帝国的东面而得名。12世纪时，独立的奥地利公国建立，在日耳曼语中意思为东方的国家，后来转为拉丁文，音译为Austria，并作为英文名沿用下来。

瑞士（Switzerland）

中欧国家。国名来源于境内的施维茨州（Schwyz）名。1291年，为了反抗奥地利哈布斯堡王朝的统治，施维茨、乌里、翁特瓦尔登三个州结成永久同盟，自称"邦联"，这是瑞士建立国家的开始。哈布斯堡王朝则以反抗自己最坚决的施维茨称呼这个同盟。后来施维茨州名就演变成了瑞士的国名。对于Schwyz的含义，说法不一，有的说其意思为奶酪，因为瑞士的高原牧业一向发达，以盛产牛奶、黄油、奶酪等出名；有的说其意思为出汗，因为瑞士高原上有许多泉水涌出，就像出汗一样，所以得名。

瑞典（Sweden）

北欧国家，其名称来源于中世纪在南部梅拉伦湖区建立的斯维亚国，意思为斯维亚人的王国，斯维亚可能来源于古高德语，意思为亲戚。

丹麦（Denmark）

北欧国家。丹麦语为Danmark，dan指北欧古代的民族丹人（danes），属于日耳曼人的一支。danes来源于意思为沙滩、沙堤的古高德语，mark则是土地、地方的意思。换言之，Danmark就是丹人居住的沙土之地。

延伸阅读：国家的别称

现在，我们认识一个国家，首先知道的应该都是它的国名。你知道吗？世界上的许多国家还有一些令人羡慕的别称呢，这些别称来源于该国某种丰富的资源或某个方面明显的特色。例如：

日本，樱花之国；新加坡，花园城市；印度，孔雀之国、电影王国；希腊，文明摇篮、海员国；西班牙，旅游王国、斗牛王国、橄榄王国；英格兰，网球王国；荷兰，风车之国、花卉之国；法国，浪漫国度、鸽子之国；德国，啤酒之国、香肠之国；奥地利，音乐之邦；瑞士，世界公园、钟表王国、博物馆之国；瑞典，禁酒之国、欧洲锯木场；丹麦，童话王国。

欧洲地名（下）

小学《语文》四年级下册，有一篇读来令人揪心、也让人感动的文章，名为《"诺曼底号"遇难记》，作者是法国文豪维克多·雨果。文中提到的地名，有南安普敦、根西岛、英伦海峡、埃居伊山脉、敖德萨。其中，埃居伊山脉的具体位置目前无法考证，文中只提到了这一名称。另外，命名"诺曼底号"轮船的诺曼底，也是地名。在小学《语文》五年级下册《威尼斯的小艇》这篇文章及后面的"阅读链接"中，集中出现了威尼斯、亚得里亚海、圣马可广场等地名。那么，这些地名的来源又是怎样的呢？

南安普敦（Southampton）

英国英格兰南部城市和港口，南部的索伦特海峡直接连通英吉利海峡，与法国相当于隔海相望。825年其名称就有记载了，在古英语中,意思为水草地旁的村庄,因其拼写、发音都与古英语中的村庄相似,又为了区别于英格兰中部城市安普敦,所以在其名称前加上了"南(south)",南安普敦因此得名。1912年4月15日,因为撞上冰山而沉没的"泰坦尼克号"轮船,就是从南安普敦启航去往纽约的。

根西岛(Guernsey)

又被翻译为格恩西岛,位于英吉利海峡靠近法国海岸线的海峡群岛(法语中称诺曼底群岛)中,是海峡群岛中的第二大岛,面积为62平方千米。其名来源于古斯堪的纳维亚语,意思为孤岛。

根西岛上有雨果的故居。雨果曾在根西岛避难15年,其间完成了《悲惨世界》《海上劳工》等小说。在《海上劳工》的献词中,雨果充满感情地写道:"献给这片好客而自由的岩礁,献给古老的诺曼底土地上的这个角落,以及在这片土地上生活着的高贵而又普通的人民,献给严厉又亲切的根西岛,这里是我现在的避难所,也很可能成为我的葬身地。"

诺曼底(Normandie)

法国西北部的地区名,其名来源于日耳曼语Norsemen,意思为北方人。9世纪中叶,以丹麦人为主的斯堪的纳维亚北方人定居于此,10世纪时建立诺曼底公国,地区名即由此而来。

在第二次世界大战期间,接近300万名士兵渡过英吉利海峡,登陆诺曼底,成功开辟欧洲大陆的第二战场,"诺曼底"也因此闻名遐迩,充满传奇色彩。

英伦海峡(British Channel)

即英吉利海峡(English Channel)。在英语中,English(英吉利)

是England（英格兰）的形容词，English Channel 即英格兰的海峡，因其位于英格兰的东南而得名。中国香港地区习称英伦海峡，大概是取英国及其首都伦敦的合称。

在法语中，英伦海峡被称为拉芒什海峡，意思为袖子，因为海峡上窄下宽，如同衣服的袖子，故名。英伦海峡分隔了英国与法国，连接了大西洋与北海，长约560千米，最狭窄处又称多佛尔海峡，宽仅33千米。英国的多佛尔与法国的加来隔着海峡相望。

敖德萨（Odessa）

位于乌克兰南部，是黑海沿岸的最大港口城市，也是黑海出入地中海的重要港口。早先是古希腊的殖民地，被称为敖德索斯，后来被土耳其人占领，改称哈吉贝伊村。1792年此地被并入俄罗斯，成为黑海舰队的军港。1795年其被命名为敖德萨，这一名称来源于敖德索斯。1944年，苏联授予敖德萨"英雄城市"的称号。1991年乌克兰独立后，敖德萨成为敖德萨州的首府。

威尼斯（Venice）

意大利语为Venezia，位于意大利东北部，是亚得里亚海西北岸的重要港口，有"水城""百岛城"之称。公元前5世纪，一批为躲避外族入侵的难民，来到今威尼斯的滨海岛屿居住，将此地用拉丁文命名为Venetia，Venezia即由此演变而来。关于这个地名的意思，有不同的说法，一种说法为印欧语系的venis，意思为朋友；另一种说法为印欧语系的ven，意思为沼泽地的居住者。

亚得里亚海（Adriatic Sea）

在南欧亚平宁半岛和巴尔干半岛之间，是地中海的一部分。其得名于古代罗马重要港口城市亚得里亚（Adria，古称Hadria）。亚得里亚可能来源于伊利里安语adur，意思为水或海；其古称Hadria，有人说是黑色的意思，因亚得里亚城建在黑色土地上而得名。

圣马可广场（Piazza San Marco）

圣马可是《圣经》中的人物，马可是他的罗马名，犹太名为约翰。圣马可广场是威尼斯政治、宗教和传统节日的公共活动中心，曾被拿破仑称赞为"欧洲最美的客厅""世界上最美的广场"。

延伸阅读：莱芒湖、莱茵河、高加索山

莱芒湖（Lake Leman）

即日内瓦湖（Lake Geneva），是世界著名的游览胜地。Geneva的词根gen是山谷的窄口或河口的意思，这反映了该湖作为世界第一大高山堰塞湖的特点。该湖面积约580平方千米，60%在瑞士境内，40%在法国境内。

在一些文人眼中，莱芒湖有着特别的含义。如英籍美裔作家亨利·詹姆斯赞它是"出奇的蓝色的湖"，英国诗人拜伦把它比喻成一面晶莹的镜子，法国文豪巴尔扎克则称它是"爱情的同义词"。

莱茵河（Rhine）

欧洲的大河之一，全长1320千米，发源于瑞士东南部的阿尔卑斯山麓，西北流经列支敦士登、奥地利、法国、德国、荷兰，在鹿特丹附近注入北海。莱茵河在德语中被称作Rhein，在法语中被称作Rhin，在荷兰语中被称作Rijn，在拉丁文中被称作Rhenus。对于这些名称的来源，说法不一，或说是意思为流动、水流的古高德语；或说是意思为水的高卢语。

高加索山（Caucasus Mountains）

位于黑海与里海之间，呈西北—东南走向，长约1200千米，宽约200千米，山势陡峻，海拔大多在3000米至4000米，最高峰厄尔布鲁士峰海拔为5642米，是欧亚边界第一高峰，也被认为是欧洲第一高峰。高加索山的名称来源于梵文，意思是冰雪闪耀的山脉。

美洲与非洲地名

小学《语文》课本中涉及的美洲、非洲地名不多，在这里将它们合在一起，给读者们稍作解读。

美洲（America）

全称亚美利加洲，包括北美洲、南美洲及其邻近岛屿。北美洲东濒大西洋，西临太平洋，北濒北冰洋，南以巴拿马运河为界与南美洲相分，面积为2422.8万平方千米，是世界第三大洲。南美洲东濒大西洋，西临太平洋，北濒加勒比海，南隔德雷克海峡与南极洲相望，面积为1797万平方千米，是世界第四大洲。除了南、北美洲，还有中美洲，指墨西哥以南、哥伦比亚以北的美洲中部地区，是连接南、北美洲的狭长陆地。

意大利航海家克里斯托弗·哥伦布为了寻找向西航行到亚洲的航路，于1492年10月12日到达中美洲巴哈马群岛中的华特林岛，并将之命名为"圣萨尔瓦多岛"（西班牙语的意思为救世主），但他认为这就是印度，因而把当地人称为印度人。1502年，意大利人亚美利哥·维斯普奇继哥伦布之后航行到达南美洲，曾写信给他的资助人，告诉他自己到达的地方确实为"新大陆"（相当于今巴西的位置）。1507年，德国地理学者马丁·瓦德西穆勒在其《宇宙学导论》中提到，因亚美利哥提供了"新大陆"的证据，建议将"新大陆"命名为"亚美利哥"，并称"以它的发现者、富有才华的亚美利哥来命名是合适的"。1538年，在荷兰地图学家格拉尔迪斯·墨卡托所绘制的地图上，又将这个名称扩展到了整个美洲。

美利坚（America）

全称美利坚合众国（The United States of America），简称美国，北美洲国家。1776年7月4日，《独立宣言》第一次使用现名，并被1787年制定的宪法正式予以肯定。美利坚来源于亚美利加洲，其在中国清朝时有多个不同的称呼，例如在徐继畬（yú）的《瀛寰志略》中称"米利坚""花旗国"，在刘锦藻的《皇朝续文献通考》中称"美利坚""米利坚""合众国""花旗国"。

麻省（Massachusetts）

即马萨诸塞州，位于美国东北部。1616年，英国人约翰·史密斯到达附近的海岸时，听到印第安人称该地为massachuset，意思是在大山附近。而史密斯在记录时，在该名称后面增加了一个s，使其成为复数，当作部落名称。

在汉语中，我们经常听到的是"麻省"这个名称。你知道这个名称的来历吗？其实它来源于清末外交家崔国因的《出使美日秘三国日记》，书中将Massachusetts翻译为麻沙朱色士省，简称麻省。由于该书影响颇大，于是"麻省"这个译名就被广泛接受了。著名的哈佛大学、麻省理工学院都位于该州的首府波士顿。

圣彼得斯堡（Saint Petersburg）

美国佛罗里达州西部的城市，临墨西哥湾。1875年，该城市由当地铁路公司的经理彼得·德蒙斯以其在俄国的故乡圣彼得堡命名。

圣彼得堡位于波罗的海芬兰湾东岸，涅瓦河口三角洲，于1703年建城，其得名于该城最早的建筑物，即守卫涅瓦河口的圣彼得与圣保罗要塞。1712年，圣彼得堡成为俄国首都。1914年，圣彼得堡被改称彼得格勒。1917年，列宁在此领导了伟大的十月革命。1924年，列宁逝世后，为了纪念他，彼得格勒被改称列宁格勒。1991年，俄罗斯又恢复了其原名圣彼得堡。

密西西比河（Mississippi River）

北美洲最长的河流，发源于美国北部的艾塔斯卡湖，由北向南，汇入墨西哥湾，全长3765千米。"密西西比"原来由意思为老、大以及意思为水的印第安语组成，即大河或老人河的意思。1666年，法国文件将密西西比写作Messipi，后来将其拼写为Mississippi。1798年，美国国会正式采用此名。

你知道吗？美国还有一个叫"密西西比州"的地方呢，那它的名称是怎么来的呢？你应该已经猜到了，它是以密西西比河的名称来命名的。

卡迪夫山（Cardiff Hill）

这是美国作家马克·吐温在《汤姆·索亚历险记》中提到的地名。在美国密苏里州密西西比河边的汉尼巴尔镇，有座卡迪夫山，山脚下有马克·吐温博物馆、马克·吐温童年故居，除此之外还有汤姆·索亚和哈克贝利·费恩的塑像呢，两位顽童都光着脚，说明牌上的文字指出，这里就是汤姆和哈克两人"随心所欲地游戏和闲逛的地方"。

哈克贝利·费恩是马克·吐温另一部作品《哈克贝利·费恩历险记》中的主人公,这部作品被认为是《汤姆·索亚历险记》的续集。

非洲(Africa)

全称阿非利加洲,面积3020多万平方千米,是世界第二大洲。在地理上,非洲分为北非、东非、西非、中非和南非5个地区。

一般认为,非洲名称来源于公元前居住在迦太基南部的一个部落名称。公元前2世纪,罗马人占领了此地,建立了阿非利加省,其原先指的是迦太基附近的地区,后来扩展到了整个非洲大陆。由于"阿非利加"一词的语种来源不确定,因此它的含义也就有了各种解释:或说源自意思为阳光灼热的拉丁文,因赤道横贯非洲中部,整个非洲大陆处于热带和亚热带而得名;或说源自意思为殖民地的腓尼基语,指古代腓尼基人殖民于非洲北部的迦太基;或说源自意思为土灰色的阿拉伯语;或说源自当地土著阿非利加人;或说源自古代统治该地区的一位女王的名字。

开罗(Cairo)

北非国家埃及的首都,非洲第一大城市,位于埃及东北部尼罗河三角洲顶点以南。640年,阿拉伯人在此建立了夫斯塔特城,即老开罗。969年,法蒂玛王朝征服埃及,建立现城,城名在阿拉伯语中的意思是胜利者玛尔斯(战神)。据说在建立该城的夜里,天空出现了火星,即战神。

尼罗河(Nile)

世界最长的河流,总长6671千米,在非洲东北部,被称为埃及的"母亲河"。尼罗河的名称来源于意思为谷地或河谷的希腊文,可能是腓尼基语的转讹,后来引申为河流。当地人也称其为Sihor(青河或暗河)。古埃及人称其为hapi,意思为河流,或者称其为ar或aur,意思为黑色,指河流泛滥后沉积物的颜色。

延伸阅读:南极洲和大洋洲

我们都知道,地球上有七个大洲,按照面积从大到小,依次是亚洲、非洲、北美洲、南美洲、南极洲、欧洲、大洋洲。在前面,我们已经知道亚洲、非洲等5个大洲名称的由来了,接下来我们再一起了解南极洲和大洋洲名称的由来吧。

南极洲(Antarctica)

因位于地球南端而得名。其名称源自希腊文,意思是北极的对面,即南极。南极洲是世界上发现最晚的大陆,故又被称为"第七大陆"。因为终年被冰雪覆盖,南极洲又被称为"冰雪大陆""白色大陆"。

大洋洲(Oceania)

指赤道南北、太平洋西南部的大陆和岛屿。其英文名的意思是大洋中的陆地,ocean意思为大洋,后缀-ia表示土地。大洋洲由丹麦地理学家马尔特·布龙约于1812年命名。

后记

小地名，大学问

　　本书的写作意图，是将教育部审定、人民教育出版社出版的12册小学《语文》课本中的地名"一网打尽"，并给出既"专业"又"通俗"的地名解说。因为最后定下的书名是《五千年中华地名》，所以"外国地名"部分作为附录，附在正文后面。

　　小学《语文》课本中的地名，通过本书正文的讲解和说明，称之为气象万千、精彩无限，大概不过分吧！而正文之后诸多的"知识加油站"和"阅读小贴士"，也多与小学《语文》课本中的地名有关，并且同样展现了博大精深的地名学的特别魅力！

　　翻完本书，读者一定已经明白了，地名是人们赋予各个地理实体的专有名称。自古至今，那些曾经使用或正在使用的地名，都是人们约定俗成、公认的地名；同时，地名又成为人类社会各种信息的载体。因此可以说,地名是展现本地风采的"脸面",是外地人得以一窥全豹的窗口,是鲜活而且广泛的社会现象,是真实而且珍贵的文献资料,是必须保护与传承的文化遗产。

这本书还传递给读者有关地名和地名学的丰富信息。正如日本地名学家山口惠一郎指出的那样,地名能告诉我们很多信息:"第一,什么样的地形起什么样的地名,也就是说,地名的内容能够反映地貌。第二,说明是在什么样的地方居住生活,地名中能反映出进行农耕、开辟道路、建立市场、发展经济等这些事。第三,地名反映了在人们具体生活的地区所产生的信仰、风俗、习惯等。第四,地名反映了因行政上的需要所产生的官职、土地制度等法制上的东西。以上这些极其珍贵的东西,都可以从地名的来历中找到它们的踪迹。"

在创作过程中,我们作为作者也尽量用有趣的叙述方式,把地名中这些丰富的信息通俗易懂地展现给读者,让读者对地名学这门世界性的学科有一定的了解。悄悄告诉大家,地名学可是以地理学、语言学和历史学为三大支柱的综合性学科。诚如苏联地名学家B.A.茹奇克维奇在《普通地名学》中指出的:"因为地理名称是遵循一定语言规律而形成的一部分语言词汇,所以地名学被认为是语言学的一部分。然而,这些名称又是地理学的语言,并总是表示具体的区域,反映地理规律和概念,因而地名学也属于地理学。地理名称非常稳定,留存久远,成了独特的历史文献,所以它在一定程度上又属于历史学和史料学。"

了解这些,对读者又有什么用呢?其实,聪明的读者看到地名学与地理学、语言学、历史学、史料学的种种联系,应该已经领悟到了——了解地名的来龙去脉,知道地名背后的感情、人物、故事、观念,就能拓宽、加深同学们对相关课程如历史、地理、语文的理解与掌握,不仅可以记得更牢,而且可以学得更活,让自己在学习竞赛中更加得心应手。

真是小地名、大学问!那么如何学习地名学呢?给大家几句赠言,姑且算是"秘诀"吧:地名知识可以"眼读",地名体验需要"脚读",地名感觉期待"心读",这样"读"下来,你会发现地名学真是魅力无限。

最后说明一下我们两位作者的分工情况。序,第一章的前三篇,第二章的前三篇,第三章,第六章的前三篇,"外国地名",后记,以及大部分的"知识加油站""阅读小贴士",由胡阿祥撰写;其他部分由华林甫撰写。

胡阿祥　华林甫
2024 年 11 月